INACCESIBLE MERCKX

GUY ROGER

Libros de Ruta

Ctra. Palma del Río, Km 4.
Parque Logístico de Córdoba.
C/ 8, Nave L2, Módulo 6 y 7, Buzón 3
14005 Córdoba
info@librosderuta.com
www.librosderuta.com

Primera edición: mayo 2025
Director editorial: Eneko Garate Iturralde
Traducción: Marcos Pereda Herrera
Corrección: Beñat Gutiérrez
Portada: estudiodavinci
Maquetación: Amagoia Rekero García

ISBN: 978-84-12905-77-9
Depósito legal: CO-708-2025
Impreso en España por Liberdúplex

ÍNDICE

«¡Siempre él! Él en todos lados».

Victor Hugo

PRÓLOGO POR EDDY MERCKX

¿Me preguntan si me reconozco en el ciclismo actual? Me costaría decir que sí. Todo es tan diferente, todo ha cambiado tanto... Todo está calculado, digitalizado y dirigido. Gané mi primer título de Campeón del Mundo con una bicicleta completamente estándar, no personalizada. No estoy en contra del progreso, al contrario, estoy a favor de la modernización, pero lo que me choca de esta nueva forma de ciclismo es que el corredor pasa meses sin competir. A mí me habría costado mucho ajustarme a estas normas. ¿Dónde está el placer, si no en competir? Mathieu Van Der Poel empezó el Tour de Francia 2024 con nueve días de competición en las piernas. Eso era impensable en mis tiempos. Tenía que correr todo el tiempo, por todas partes, tres veces al día cuando era posible. Solía correr una media de ciento cincuenta días al año, pero un año llegué a ciento noventa y cinco. El placer, cuando eres corredor, es disputarlo todo. No es solo un trabajo, es una pasión, y lo he hecho porque amo el ciclismo.

La pasión ha guiado toda mi carrera, toda mi vida. Me he basado en los valores morales que he heredado de mis padres: respeto, humildad y trabajo duro. Me han acompañado a lo largo de mi carrera y más allá. La educación tiene mucho que ver con lo que uno es, y nunca he pretendido ser el mejor. Mis padres me inculcaron una regla esencial: mira siempre por debajo de ti, no por encima del hombro. Para llegar a ser un campeón, la humildad es esencial. Y luego están los genes. No voy a negarlo, genéticamente he recibido algo de mis padres, de mis abuelos, quizá de más atrás, algo que otros no tienen.

Me preguntas, si tuviera que volver a hacerlo, ¿cuál sería mi forma de correr y qué error no cometería? Mi forma de correr seguiría siendo la misma. Cuando te dejas guiar ya no eres más tú mismo. He ganado cinco Tours de Francia y estoy muy orgulloso de ello. Ha pasado el tiempo, cincuenta años desde mi última victoria en 1974. Luché y luché para ganar un sexto, pero puedo decir sin nostalgia que no me arrepiento de nada. Tal vez hubiera tenido que disputar el Tour de 1973, pero eso es anecdótico y los ausentes siempre se equivocan. Ya está, lo he dicho. Soy el más feliz de los hombres con mis cinco Tours de Francia, mis cinco Giros, una Vuelta, todas las clásicas, mis títulos de Campeón del Mundo y un Récord de la Hora. Lo maravilloso es que, cincuenta años después, esas rivalidades se han convertido en amistades. Mis mayores adversarios se han convertido en amigos, y mis compañeros de equipo lo han seguido siendo. Esa es una de las grandes lecciones de la vida posterior. Los reencuentros son muy cálidos y no importa lo que pasó hace cincuenta años. En cuanto al error, hay uno que no volvería a cometer, el de haber continuado el Tour de Francia, en 1975, después de caerme en la salida de Valloire. Fue grave, una doble fractura de mandíbula, y tuve un traumatismo. No sabía si era por la mañana o por la noche, y me han dicho que hablé con un corredor español en flamenco. Tendría que haber abandonado en vez de aguantar. Estaba loco por seguir. Después de aquel Tour, nunca volví a ser el mismo.

Si me preguntan, ¿quién ha sido mi rival más duro y quién es ahora el que más se acerca a mi espíritu? Me he alineado en la salida de todas las carreras, en todos los terrenos. Roger De Vlaeminck y Walter Godefroot eran grandes contendientes en las clásicas, pero el que estaba en todas partes, todo el tiempo, en todos los terrenos, era Felice Gimondi. Hoy, Tadej Pogačar es el que destaca. Corre, gana, pierde, vuelve a empezar. Corre todo lo que puede correr, y tiene toda la razón para hacerlo. Así es como yo veo el ciclismo.

¿Me preguntas qué imagen me gustaría que la gente tuviera de mí cuando ya no esté? Sobre todo, me gustaría ser un ejemplo para los jóvenes. Decirles que lo más importante es ser ellos mismos, tener los pies en el suelo y disfrutar, aunque lo pasen mal. El ciclismo es una lección de vida. Si mi nombre se desvanece o desaparece, es ley de vida. Que se me recuerde sería una forma de reconocimiento. No nos corresponde a nosotros decidirlo.

KEMZEKE

«*Mais je te dis, je n'irai pas plus loin*[1]*...*»

Jacques Brel (Vesoul)

En marzo de 1978, la pequeña ciudad de Kemzeke, cerca de Saint Nicolas, en Flandes Oriental, bulle de emoción ante la salida del Tour de Flandes en menos de un mes. En el Café De Linde, entre dos pintas, no se habla de otra cosa. Parece que, dentro de unos días, Eddy Merckx estará en la salida de la Omloop van het Waasland. El campeón belga ha pasado un invierno tumultuoso, pegado al teléfono buscando patrocinador, en lugar de salir a entrenar.

En el último momento, las tiendas de *prêt-à-porter* C&A acudieron a su rescate, tras la retirada abrupta de las cuchillas Wilkinson. Todo estaba listo (maillots, culotes, bicicletas, calendario de carreras) cuando el especialista francés en afeitado se retiró y hubo que comenzar de cero. Para tranquilizar a su equipo, Eddy Merckx utilizó sus propios ahorros para pagar los salarios de los dieciocho corredores, incluido Robert Mintkiewicz, el único francés de la escuadra. No es ningún secreto para nadie que, en los albores de su decimocuarta temporada, el quíntuple vencedor del Tour de Fran-

[1]«Te lo digo, no iré más lejos...». Nota del Traductor (en adelante, N. del T.).

cia está fuera de forma, y sus problemas de salud han sembrado dudas. Tres abandonos en cuatro carreras entre el diecinueve de febrero y el once de marzo (Montouroux, Het Volk, Wilsele) y un quinto puesto en el Tour du Haut Var son solo un pálido reflejo de sí mismo. En estas condiciones, estaba fuera de cuestión que se presentara a la salida de la Milán-San Remo, que este año recorre doscientos ochenta y ocho kilómetros.

El domingo diecinueve de marzo, gris como una tarde de Todos los Santos, al día siguiente de la Primavera ganada por Roger De Vlaeminck, pasando por encima de todos los problemas que le machacan el corazón y la moral, Merckx está en la salida del Circuito de Waes. El organizador le asigna el dorsal «4». Es la primera vez que Merckx, aureolado con una gloria inmensa, participa aquí, y su presencia añade una dimensión inesperada a la prueba, que durante mucho tiempo fue organizada por el Dancing Ponderosa, antes de abrirse a los profesionales. En su reportaje para la revista flamenca *Bahamontes*, el periodista Rik Van Puymbroeck aporta un detalle sacado de los libros oficiales de contabilidad: «Del presupuesto total para premios de salida, es decir 101 500 francos belgas (2516 euros), *Monsieur* Merckx se embolsará una prima de 30 000 francos belgas (745 euros)».

Hace frío, los chubascos hacen resbaladizos los adoquines, mal pavé, separado y pegajoso, y el viento de Bélgica promete una carrera para fortachones. Su Mercedes, conducido por su amigo y *soigneur* Pierrot De Wit, es rodeado en cuanto el motor se apaga. La línea de salida y meta, trazada bajo las ventanas del alcalde, está a un centenar de metros. Una auténtica carrera de obstáculos el llegar hasta allí. La plaza de la iglesia es demasiado pequeña para esta multitud sentimental, hipnotizada por su ídolo. Si pudiera, la gente besaría sus pies y sus manos. Buen observador, José De Cauwer, que va a dar que hablar con su maillot del Ti-Raleigh, dorsal 65, está atónito: «No es posible, conociéndole, que no se preguntara en medio de todo este lío ¿pero qué demonios hago yo aquí?».

Y luego, la jauría de fotógrafos al acecho, disparándole desde todos los ángulos, dando a la escena el aire de un final de reinado.

Mucho tiempo después, De Cauwer confesará: «Que los demás no existiéramos no tenía nada de sorprendente, pero acosarle hasta tal punto posee algo de indecencia». En su artículo titulado *Quand Merckx n'est plus Merckx*[2], Van Puymbroeck apunta este otro detalle: «Para protegerse del aire frío, los competidores llevaban mangas largas y se metían una gorra bajo la chichonera». También entrevistó a René Dillen, compañero de equipo de Merckx en C&A: «Justo antes de la salida, Eddy se encontró aislado del resto de los competidores a causa de los aficionados que le perseguían. Jamás había utilizado los codos como entonces para llevarle hasta la cinta de salida. Me di cuenta de que iba a tener un día horrible». Sin embargo, este apoyo devino en fuerza interior en lugar de aplastarle, y le dio una nueva y terrible majestuosidad.

A la una de la tarde, los organizadores liberaron a los sesenta y cinco competidores que llevaban tiempo rascándose la cabeza, y, en cuanto se bajó la bandera, Dillen atacó. Una pequeña ventaja, quizá unos treinta segundos. «Cuando me di la vuelta para ver la diferencia, ¿quién iba al frente del pelotón? Eddy». Merckx es Merckx. Incluso sin buenas piernas, seguía siendo un luchador incansable. Hasta logró colarse en una escapada a la hora de carrera, para paladear el aire en la cara. Es así como amaba el ciclismo. ¡Todos al abordaje! Pero, a veces, darlo todo no es suficiente, y en el ecuador de la carrera se había reincorporado en el pelotón. «No era cuestión de hacerle ningún regalo», dice De Cauwer. «Él nunca los hizo. Es más, los muchachos corrían su Milán-San Remo contra Merckx y solo pensaban en eso: en cargárselo». El palmarés de la edición del 78 recordará que Frans Van Looy fue el más rápido, superando a Walter Planckaert, tras un reñido esprint. Merckx llegó un puñado de segundos más tarde, en un pequeño grupo de unos diez corredores. En juego estaba un undécimo puesto, que le arrebató José De Cauwer. «Nunca le había visto tan cerca. Hombro con hombro a falta de doscientos metros, ganarle en un esprint... eso lo tendré grabado en la mente hasta el último de mis días».

---

[2] «Cuando Merckx no es más Merckx». N. del T.

Lo que siguió es más conmovedor. Pierrot De Wit, su entrenador y *soigneur*, apodado Goldfinger por los corredores del grupillo durante generaciones (los Maspes, Faggin, Timoner, Van Steenbergen, Koblet, Darrigade, Sercu y Doyle) cuenta: «Acababa de terminar de lavarle las piernas con un guante. Cerró la puerta del coche y, con toda tranquilidad, dijo: 'Se acabó, Pierrot. Abandono. No se lo digas a nadie, ha sido mi última carrera. Nada del Tour de Bélgica. No iré más lejos'. Intenté decirle que no era para tanto... Sacudiendo la cabeza, dijo: 'No, Pierrot. Ya no puedo sufrir más. Se acabó'». El secreto permanecería a salvo durante unos días, pero, en ese momento, el mundo de la gente normal, que había abandonado en 1965, volvió a él como un bumerán.

Cuarenta y seis años después, la historia del Circuito del País de Waes de 1978 ha resurgido gracias a José De Cauwer, hoy comentarista de *BRT*, el canal belga en lengua neerlandesa, tras haber sido director deportivo del equipo *ADR* y principal instigador de la victoria de Greg Lemond sobre Laurent Fignon en el Tour de Francia de 1989, por los ocho segundos más célebres de la historia. De Cauwer acaba de escribir, junto con el antiguo periodista Rik Van Walleghem, el libro que siempre quiso hacer. Se titula *De 10 Geboden van José De Cauwer*, en castellano *Los diez mandamientos de José De Cauwer*, y ha sido un gran éxito en las librerías. Merckx y Lemond ocupan un lugar destacado en el libro, que pone de relieve todo lo que no se dice sobre la vida de un ciclista. Yo ignoraba, cuando concerté la cita, si me revelaría algo sobre la última carrera de Eddy Merckx, que ocupa un lugar destacado entre sus diez mandamientos.

En un café-librería de Gante, cerca de la estación de Sint-Pieters, José parece inagotable. Nos enteramos de que forma «parte de su círculo íntimo», de que «el hombre Merckx es un reflejo fiel del corredor, pero más sentimental» y de que «alguien pequeño como yo tuvo el privilegio de ganarle en un esprint, pero fue por el undécimo puesto». La gran innovación de los dos socios fue acercarse al público y contarle no lo que hay en el libro, sino lo que hay entre bastidores. Atravesando su plano país, De Cauwer y Van Walleghem, acompañados por un guitarrista que rellena las pausas con música *country*, viajan de ciudad en ciudad y de ayuntamientos a gimnasios. Dentro de poco *El cincuentenario*[3]. Durante estos encuentros, abordan y se dejan llevar por las apasionadas preguntas del público. De Cauwer confiesa algunos detalles personales más: «A los catorce años ya fichaba en una fundición y trabajaba cincuenta horas a la semana». Valor y humildad son los pilares de una carrera que su amistad con Hennie Kuiper transformó en la de gregario. «En este mundillo, a menudo he pensado más en sobrevivir que en la victoria (una etapa en la Vuelta a España de 1976) y me he esforzado en escuchar, en observar, hasta haber comprendido que hay dos palabras que nunca debes decir: suerte y mala suerte. La primera, porque lo que te ocurre nunca es suerte. La segunda, porque si pones excusas, nunca ganarás».

En su *Decálogo* relata con gran sensibilidad y humor la carrera del diecinueve de marzo de 1978, la última del gran Eddy Merckx. Comienza con un tono de pesar, la voz llena de emoción: «Si hubiéramos sabido que le echaríamos tanto de menos, habríamos disfrutado más intensamente». En su pequeña «actuación callejera», incluso se imagina el retorno de Eddy a casa, donde le espera Claudine, su esposa:

«Eddy (José finge estirarse, un poco cansado): ¿Sabes lo que ha pasado?

Claudine: ¿No te fue bien en la carrera?

Eddy: (después de un silencio) De Cauwer me ganó en el esprint... (silencio de nuevo) por el undécimo puesto.

Claudine: Entonces creo seriamente que es hora de que pienses en dejarlo para siempre».

El público ríe y las ventas se disparan. No puede negarse: medio siglo después de su carrera, el nombre de Eddy Merckx sigue actuando como un poderoso imán en el imaginario colectivo.

---

[3] Juego de palabras entre la canción clásica francesa *La Cinquantaine,* compuesta por Jean Gabriel-Marie, y la cercanía con el medio siglo respecto a los hechos de los que habla José de Cauwer. N. del T.

Amigos desde hace mucho tiempo, Eddy y José se reúnen a veces para compartir una buena comida. A mediados de diciembre de 2023, el anunciado cierre del famoso restaurante Hof Van Cleeve de Kruishoutem (galardonado con tres estrellas Michelin y 19,5 sobre 20 para Henri Gault y Christian Millau[4]) les proporcionó una excusa en bandeja. El chef Peter Goossens les ha sentado en la mesa más cercana a las cocinas, la más solicitada. Ocho días más tarde, el Rey Felipe de Bélgica almorzó en el mismo sitio. Entre la pera y el queso, los *Diez Mandamientos*, versión De Cauwer, y el famoso diálogo imaginario del retorno del guerrero a su hogar, fueron invitados a la conversación.

«Y qué», le pregunté. «¿Cuál fue su reacción?»

— Eddy se partía de risa.

[4] Dos críticos gastronómicos muy conocidos en Francia, que puntúan los restaurantes sobre un total de veinte puntos. N. del T.

WOLUWE-SAINT-PIERRE

«A su manera, es un conquistador del espacio a bordo de una máquina de propulsión humana»

Jean-Baptiste Baronian, escritor

Encontrarse en la parrilla de salida de un libro dedicado al más grande corredor ciclista de todos los tiempos es una aventura monumental, la estimulante sensación de embarcarse en una vuelta al mundo de una época donde el ciclismo todavía estaba en el corazón de la gente.

Entre los años 60 y 70, Eddy Merckx dejó su huella en casi todas las carreras que ha disputado. Las estadísticas dicen mil ochocientas y sus quinientas veinticinco victorias logradas en la ruta forman una verdadera constelación bajo la bóveda estrellada de una carrera extendida por catorce años. Una *performance* tanto más remarcable por cuanto en este tiempo, en este espacio y en todas sus formas, la oposición de aquella época era grandiosa, y daba lugar a algunas justas geniales. No es de extrañar que Merckx, el mayor Caníbal de la historia del ciclismo, haya respirado el mismo vivificante aire que Roger De Vlaeminck, Walter Godefroot, Freddy Maertens, Roger Rosiers, André Dierickx, Frans Verbeeck, Patrick Sercu, Jan Janssen, Felice Gimondi, Luis Ocaña, Gianni Motta, Lucien Van Impe, Joop Zoetemelk, Bernard Thévenet o Rik Van Looy.

Si tuviéramos que enumerar su estratosférico palmarés, habría material más que suficiente para componer una *Guide du petit randonneur à vélo*[5]. Desde Vilvoorde, su primer éxito (11 de mayo de 1965), hasta Kluisbergen, el último (17 de septiembre de 1977), el cicloturista podría enorgullecerse de descubrir los puntos culminantes del patrimonio internacional del ciclismo. Poggio, Sormano, Ghisallo, Grammont, Oude Kwarémont[6], Arenberg, Carrefour de l'Arbre, Stockeu, La Redoute, por citar solo algunos. Con una mención especial para Woluwe-Saint-Pierre, el municipio bruselense en el que creció y al que puso en el mapa mundial.

Quizá porque Bélgica buscaba desesperadamente un sucesor de Sylvère Maes, el último ganador del Tour de Francia en 1939, la eclosión de Eddy Merckx incendió el *Plat-pays*[7] con la rapidez de un incendio forestal. Rápidamente se convirtió en una máquina de correr y de ganar. Día y noche, de un país a otro, su vida no conoce tregua del uno de enero al uno de enero del año siguiente. Estar en la salida de un critérium en Bruselas por la mañana, coger un avión a Lisboa y ganar un segundo critérium al final de la tarde, y volar a Milán para terminar la noche con una americana sobre el velódromo de Vigorelli... no le asustaba. Según el veterano periodista Rik Van Walleghem, en el transcurso de su periplo, «Merckx el explorador» habría «cubierto doce veces la vuelta al mundo». «A su manera, fue un conquistador del espacio sobre una máquina a propulsión humana», subraya Jean-Baptiste Baronian[8], del que se hace eco Frans Verbeeck, un sólido competidor sobre los adoquines: «Eddy Merckx aseguraba el espectáculo, mientras que nosotros desempeñábamos un papel muy pequeño». Peter Post, director

---

[5] «Guía del pequeño excursionista en bicicleta», hace referencia a una guía de viaje para cicloturistas. N. del T.

[6] Kapelmuur y Oude Kwaremont. N. del T.

[7] Referencia a la canción de Jacques Brel, que evoca los paisajes de Flandes. Por extensión se usa, en ocasiones, para referirse a Bélgica. N. del T.

[8] *Dictionnaire amoureux de la Belgique*, Baronian.

deportivo del equipo Raleigh, lo expresó de otro modo la noche de la exhibición de Merckx en la París-Roubaix de 1973: «¿Para qué quiere el primer ministro belga Vanden Boyenants comprar Mirages o F16 cuando ya tiene a Merckx?[9]».

Nada se puede omitir de sus gigantescas temporadas, algunas de las cuales superan los ciento sesenta días de carrera. No debemos apreciarlas a través de una u otra de sus piezas antológicas: Mourenx-Ville-Nouvelle, Tre Cime di Lavaredo, Mendrisio, México, todas las cuales han pasado directamente a la leyenda. Deben, en cambio, contemplarse como un todo, cual un paisaje flamenco de Brueghel o Rubens, con sus montañas, sus nieves, sus tormentas, sus borrascas y sus adoquines.

Evocando al «dios de dioses y a su palmarés babilónico», Baronian cita a Alfred Jarry, quien mucho antes del nacimiento del *Sagrado Monstruo* ya había afirmado que «el ciclismo, este deporte en el límite de todos los deportes, posee rango entre las Bellas Artes». El artista Merckx ha elevado así su obra por encima de todas las demás, a imagen de sus ilustres predecesores, los Binda, Coppi, Bartali, Bobet, Anquetil, o los de la generación que siguió sus pasos, los Thévenet, Hinault, Induráin, Froome, Pogačar. Estoy tentado de añadir que el campeón belga tenía algo más que todos los otros: conseguía convertir lo fantástico en real. «Porque posee una cosa que es inmutable: la fuerza de voluntad llevada a un grado extraordinario. Es un principio vital para él», señala Pascal Sergent, historiador del ciclismo y autor de numerosas obras sobre el ciclismo en Bélgica de esa década. Hasta tal punto que su monstruosa voluntad y su gigantesca ambición dan a su personaje tintes balzaquianos. Porque los héroes de Balzac son ambiciosos, insaciables y, como él, arden en deseos de poder. A veces Rastignac, conquistador del mundo, prepotente, recto y leal, a veces Vautrin[10], impulsado por una fuerza interior indomable.

---

[9] *Dans l'ombre d'Eddy Merckx, Johny Vansevenant.*

[10] Personajes de *Papá Goriot y La Comedia Humana*, respectivamente, cuyo autor es Honoré de Balzac. N. del T.

Su preeminencia es tan marcada que, en Bélgica, se le percibe como un fenómeno social. Robert Janssens, escritor y antiguo periodista del diario *Het Laatste Nieuws*, una autoridad por haber seguido su carrera, cree que «el nombre de Merckx ha adquirido una dimensión pedagógica al entrar en las escuelas». Y añade: «Merckx forma parte de nuestro patrimonio nacional. Es una especie de embajador de prestigio para todas las Bélgicas, y su leyenda es contada y perpetuada por cada generación. Ha penetrado en los corazones de todo un pueblo». Recorrer los años de Merckx es también echar un vistazo a la *sociohistoria* del ciclismo. En su magistral obra *El mundo de ayer*, el escritor Stefan Zweig señala: «En circunstancias normales, el nombre que uno lleva no es ni más ni menos que la vitola de un puro, un objeto externo casi sin importancia, que solo tiene un vínculo bastante vago con el verdadero sujeto: el yo». Y prosigue: «Pero en caso de éxito, este nombre puede hincharse desmesuradamente, desprenderse de la persona que lo lleva y convertirse por sí mismo en una fuerza, un capital, un artículo de comercio, un patrón de medida que empieza a influir, transformar y dominar al hombre que lo lleva». El nombre de Pelé, la primera estrella del fútbol mundial y el mejor jugador de todos los tiempos, ilustra perfectamente este fenómeno. «Capaz de detener una guerra con su sola presencia, o de convertir América al fútbol», dice Stefan Cohen en la excelente biografía que le ha consagrado.

En cuanto a Merckx, aún no hemos llegado a ese punto, pero estamos seguros de que el nombre del campeón belga sobrevivirá durante mucho tiempo al propio hombre. Una estación de metro que lleva su nombre (Bruselas, línea 5), películas (*La Course en tête*, Joël Santoni; *Le Prix de l'exploit*, John Badham; *Le vélo de Ghislain Lambert*, Philippe Harel), canciones (Jacques Higelin, el grupo Sttellla), cómics (*San Antonio*; *Astérix en Bélgica*), un centro escolar (Woluwé-Saint Pierre), el velódromo de Gante bautizado Eddy Merckx, luises de oro con su efigie, estatuas y estelas a su gloria así lo confirman. El quíntuple vencedor del Tour de Francia es también, sin duda, el corredor sobre el que más se ha escrito: ochenta y dos libros en francés están en las estanterías de la *BNF*[11] de París; más de cien en neerlandés enriquecen el hermoso Musée de la Course Cycliste de Roeselare, en Flandes Occidental. Por no hablar del torbellino mediático sin precedentes durante y después de su carrera.

La noche de su despedida, el 18 de mayo de 1978, el periodista de *Het Laatste Nieuws* Lucien Berghmans, investido en la misión de escribir sobre el campeón durante catorce años, todos los días, sin interrupción, «estaba mucho más preocupado por lo que iba a ser de él que por la retirada de Merckx», informa Rik Van Puymbroeck en la revista *Bahamontes*.

No se trata aquí de relatar la carrera de una figura histórica. Eso ya se ha hecho, y se ha hecho bien. La biografía escrita por el periodista político belga Johny Vansevenant es de lectura obligada[12], y notable en todos los sentidos. Toda una generación, toda una época, vive y respira en estas catorce temporadas, a veces revestidas de un barniz novelesco, y las escapadas del Caníbal, sus arrebatos de locura, cobran vida en los recuerdos de sus adversarios o compañeros de ruta. Aleatoriamente, veamos a Gianni Motta, su chivo expiatorio en la Milán-San Remo, que es un buen ejemplo: »Era todo lo que uno soñaba ser y llegar a ser. El problema es que, a veces, tenías la sensación de rodar detrás de una moto». Jean-Pierre Danguillaume, lugarteniente de Bernard Thévenet: «Era un combate de boxeo entre un peso ligero y un peso pesado. ¿Has visto alguna vez a Cassius Clay ser derrotado por un peso ligero?». Jean-Claude Genty, compañero de equipo de Luis Ocaña: «En las carreras de Bélgica, los franceses íbamos a tope a rueda, mientras Eddy Merckx y Roger De Vlaeminck se iban partiendo de risa». Roger Rosiers, ganador de la París-Roubaix 1971: «En cuanto se ponía en cabeza sabíamos que algo iba a pasar. Nunca había visto tanta potencia en nadie».

Estos son los rostros, las figuras que recuerdan el ambiente de una época, la época de los Rolling Stones y Bob Dylan, del Apolo

[11] Biblioteca Nacional de Francia.

[12] *Eddy Merckx: la biographie,* Johny Vansevenant.

11 y del Brasil de Pelé, campeón del mundo por tercera vez en 1970. En todas partes, en Bélgica, Italia, Países Bajos, España y Francia, el reencuentro con estos gloriosos ancianos, a los que también conocemos como los «gigantes de la carretera», fue excepcional. Me dieron algunas pepitas, algunas historias ocultas y lloraron un poco. Ahora no tienes más que servirte tú mismo.

Una observación personal previa: Eddy Merckx no influyó directamente en mi pasión por el ciclismo y no puedo decir que yo fuese *merckxista*. Años más tarde le entrevisté, seguí una de sus salidas en bicicleta con Axel, su hijo, que ardía en deseos de probar suerte (lo que corre por la sangre es tan difícil de desviar como el curso del Escalda[13]) y otra vez con sus compañeros de los jueves. Pero nunca le vi correr hasta que descubrí unas imágenes impresionantes, a veces en blanco y negro, en los archivos del INA[14], que me fascinaron y me transportaron a otra época. Así fue como conocí la verdadera vida del Eddy Merckx ciclista. En el transcurso de esta investigación, a menudo me hacía dos preguntas: ¿Es el ciclista mas grande de todos los tiempos? ¿Qué hay en él para que te importe su personaje? Mi respuesta a la segunda pregunta ha sido idéntica en cualquier ocasión: siempre me pareció noble, corajudo y digno en sus actitudes en las viejas películas del INA. Merckx no es solamente un campeón fuera de lo común, es una institución. Esa es mi respuesta a la primera pregunta. La inmensa mayoría de los testimonios lo confirman.

---

[13] O el Escaut, o Schelde, o Escô. Río que atraviesa tierras de Francia, Bélgica y Países Bajos. N. del T.

[14] *Institut Nationale de l'Audiovisuel.*

LA CIPALE, UNA VEZ

«Pasar en cabeza el Tourmalet…
Un momento que cuenta por toda una vida.
Como escaladores, todos tenemos cimas como
esa que nos dan un sentimiento de orgullo,
una emoción especial»

Martin Van Den Bossche, compañero de equipo

El Tour de Francia es la base sobre la que se construye todo el *merckxismo*. Y el Tour de 1969 fue el primer encuentro íntimo de Eddy Merckx con la Grande Boucle. Le fascina desde su infancia, cuando soñaba con ser Stan Ockers, su ídolo. La Grande Boucle sigue siendo el acontecimiento que más ha marcado su vida. Tanto es así que, antes de heredar el apodo de Caníbal, los clientes de la tienda de ultramarinos de la Place des Bouvreuils, regentada por Jenny y Jules, sus padres, ya le llamaban «Tour de Francia». Así que el Tour del 69, primero de su quinquenio, es el más desmesurado de todos. La oposición es engullida tras solo una semana. Al final del Tour el segundo clasificado, Roger Pingeon, está a 17 minutos y 54 segundos. Raymond Poulidor, tercero a 22 minutos y 13 segundos, y Jan Janssen, vencedor de la edición precedente, décimo a 52 minutos y 56 segundos. Lucien Van Impe terminó a 56 minutos y 17 segundos en la primera de sus quince participaciones; Andrés Gandarias fue el primer español, quinto en la general a 33 minutos. En cuanto a Luis Ocaña, abandonó por una caída al principio de la segunda semana, en la etapa del Balón de Alsacia, que nos dejó las icónicas fotografías de sus compañeros de Fagor remolcándole.

El botín amasado es colosal: maillot amarillo, seis victorias de etapa, maillot verde de la clasificación por puntos, premio al mejor escalador, clasificación de la combatividad, y Faema, su equipo italiano, el único que llegó completo a París, gana la clasificación por equipos. Su obsesión por formar un equipo-comando, con veinte hombres rodeándolo y dispuestos a morir por él, se vio por fin recompensada. Lejos quedan los días en que tuvo que sufrir la persecución y el desprecio de Rik Van Looy, su jefe de filas en Solo-Superia, cuando debuta como profesional en 1965. Lejos quedan los días del egoísmo de Tom Simpson y Roger Pingeon, los líderes del equipo Peugeot: «En dos años, no recuerdo a un solo compañero que me pasara una rueda o me diera un relevo[15]». Merckx tiene veintitrés años cuando los disturbios de mayo del 68 cruzaron la frontera belga, pero no necesitaba eso para comprender lo que quería: derrocar el orden establecido por la generación de Van Looy. Se fragua un camino, a menudo metiendo hombro, porque su carácter no se deja llevar por ninguna bandera. Jamás aceptará ser relegado a la sociedad de los gregarios. Su primera campaña italiana, en 1968, le conforta en esta perspectiva: un Giro y una París-Roubaix se añadieron a su colección, ya bien surtida con un Campeonato del Mundo (1967) y dos Milán-San Remo (1966, 1967), y que iba a parecer incluso pequeña tras la campaña de clásicas de 1969: una tercera Milán-San Remo, una Vuelta a Flandes, una Lieja-Bastoña-Lieja, una Gante-Wevelgem, una Flecha Valona, y una París-Niza como bonificación. Merckx tiene el olfato de confiar a Guido Reybrouck la misión de encontrar compañeros a su imagen y semejanza, trabajadores, solidarios, leales y que formaran una organización perfecta. «¡Nada de holandeses!», advirtió el jefe. Mensaje recibido. Son doce belgas al inicio de

[15] *Face é face avec Eddy Merckx,* Marc Jeuniau.

la aventura italiana en la temporada 1968, que se va a prolongar nueve años. Los directivos transalpinos añaden al primer equipo de Faema seis de los suyos.

Pero pronto entran en conflicto dos clanes. Los italianos, que corren para Vittorio Adorni, y los belgas, que no quieren obedecer más que a Eddy Merckx. Adorni, que había ganado el Giro en 1965, era el líder de la Vuelta a España del 68, y Eddy Merckx tendrá las mismas prerrogativas en el Giro, un mes más tarde. Pero en las carreteras españolas nada sale según lo previsto, y una oscura maniobra de Adorni hizo explotar el grupo. Martin Van Den Bossche, a quien Jacques Goddet, director del Tour de Francia, elevó al rango de «lugarteniente de las cumbres» en una editorial, acusa: «Adorni nos traicionó. Y soy testigo».

Fuimos a reunirnos con el antiguo *grimpeur* «de piernas interminables», Jacques Goddet de nuevo, en su casa de Bornem, una ciudad a medio camino entre Bruselas y Amberes. Robert Janssens, escritor durante cuarenta años como columnista en *Het Laatste Nieuws*, está conmigo. «En el equipo había dos clanes que no se hablaban», prosigue VDB. «Pero teníamos que hacer nuestro trabajo y vigilar a Gimondi, el gran rival que corría con Salvarani. En realidad, todo fue una simulación. En la gran etapa de montaña, Gimondi atacó y yo salté a su rueda, pero Adorni me agarró del maillot al mismo tiempo, y me cerró el paso. Así fue como Gimondi ganó aquella Vuelta a España. Esa noche, en la mesa, frotándome el pulgar contra el índice, le grité a Adorni en flamenco, que él no entendía, pero estoy seguro de que no necesitaba traductor: «¡Eh! ¿Cuánto has sacado?», y añadí: «Vas a compartirlo con nosotros, que hemos corrido para ti desde el principio, o no te va a ir bien cuando le diga a Eddy que has vendido esta Vuelta». Marino Vigna, nuestro director deportivo, entró inmediatamente en la discusión y, señalándome, intentó asustarme: «Te aseguro que el próximo Giro lo vas a ver por la televisión». Como era Eddy quien mandaba, yo estuve presente en la salida del Giro del 68, y debió pensar que había hecho bien al elegirme cuando nos enfrentábamos a la tempestad de nieve camino a las Tre Cime di Lavaredo».

Merckx no puede sospechar que, en la siguiente edición, un Giro que aplasta con todas sus fuerzas, será víctima de la mayor injusticia de su vida: eliminado de la carrera en Savona al cabo de dos semanas por dar positivo por Fencamfamina, un estimulante de la familia del Reactivan, y suspendido durante un mes. «Es la mayor *combinazione*[16] que he presenciado nunca», suspira VDB, que compartió habitación con la *maglia* rosa en aquel Giro de Italia. «Si supieras cómo eran los controles después de meta... Una especie de laboratorio ambulante donde los *tifosi* entraban y salían a su antojo. A veces había una docena de personas que no tenían nada que hacer allí. Las muestras de orina ni siquiera se sellaban delante de nosotros. Una mano malvada podía añadir cualquier cosa al tubo de ensayo. Savona, para mí, es una venganza». La *bomba* llegó hasta la Cámara de Diputados en Bélgica. Finalmente se levanta su suspensión tras varios errores de procedimiento, y Merckx está presente en Roubaix para la salida de su primer Tour de Francia, el 28 de junio de 1969.

En la lista de inscritos, el equipo Faema solo selecciona a un corredor italiano, Pietro Scandelli. La lección de la Vuelta 68 estaba aprendida. Los otros ocho son flamencos puros que han firmado un pacto de hierro, como hicieron antes los Caballeros de la Mesa Redonda. Mintjens, Reybrouck, Spruyt, Stevens, Swerts, Vandenberghe, Van Schil y Van Den Bossche fueron irreprochables y se pasaron tres semanas exprimiendo al pelotón. «En Faema, cada uno tenía un papel preciso, inmutable, lo que significaba que no había lugar para la improvisación ni para la más mínima sorpresa. Yo tenía mi especialidad en la montaña», explica Martin Van Den Bossche. Sin embargo, algo sucede internamente que dejó una sombra sobre el aplastante dominio de Merckx durante todo el Tour.

Volvamos sobre la ruta del Tour, un quince de julio de 1969. En la ascensión del Tourmalet el sol golpea las espaldas de los corredores como martillo en yunque. Más de cincuenta años separan esta

[16] En italiano en el original. Imprevisto, circunstancia fortuita. En el contexto que habla Van den Bossche sugiere una «mano negra». N. del T.

etapa pirenaica de la visita que hacemos a Martin Van Den Bossche, en una de esas mañanas frías y lluviosas que nunca impiden a un flamenco salir a rodar. Las muchas horas pasadas agachando su espalda sobre una bicicleta no le hicieron nunca agachar la cabeza. Tampoco las setenta horas semanales que dedicó a poner en marcha su pequeño negocio de importación y exportación de azulejos. Un negocio que heredó su hijo y que ocupa hoy dieciocho mil metros cuadrados. La conversación vuelve rápidamente al Tour 69. El día después de la victoria de etapa de Raymond Delisle, el Día de la Bastilla, con el maillot de campeón de Francia sobre los hombros, los Faema tomaron el timón del Tour. Al pie del Tourmalet, Van Den Bossche se puso en cabeza. Sabe que Merckx está pegado a su rueda y, como era su costumbre, curva tras curva, aumentó el ritmo, más y más, «hasta que no oí a nadie hablar ni quejarse en el pequeño grupo de escapados y entonces me di cuenta de que estábamos solos los dos, Eddy y yo. Nos acercábamos a la cima y yo iba a pasar en cabeza por el Tourmalet. Un momento que vale por toda una vida. Como escaladores, todos tenemos cimas como esa que nos dan un sentimiento de orgullo, una emoción especial. Para mí, es el Tourmalet. Tenía la impresión de haberlo aplastado cuando, a doscientos metros de la pancarta, Eddy partió y, sin mirarme, me dejó allí y desapareció rápidamente por el descenso».

Decepcionado, Van Den Bossche levanta el pie, y un pequeño grupo de perseguidores lo alcanza, mientras el maillot amarillo se alejaba en lo que quedará para siempre como una de las mejores páginas de gloria de su carrera. «No era más que una locura, una maravillosa y noble locura», podría haber exclamado el escritor Stefan Zweig de haber presenciado este golpe audaz a ciento cuarenta kilómetros de la meta. Al día siguiente, en el periódico *L'Équipe*, Merckx se convierte en «Merckxissimo» bajo la pluma de Jacques Goddet, que osa, por vez primera, hacer una comparación con *Il Campionissimo*, el inolvidable Fausto Coppi: «Lo que Eddy Merckx está haciendo es algo que nunca había visto antes. Incluso en sus mejores tiempos, Fausto Coppi nunca corrió un Tour así. Merckx se convertirá en un caso único en los anales del ciclismo. Este es mi trigésimo quinto Tour y he tenido que esperar hasta ahora para descubrir al líder ideal. ¿Cuántas generaciones serán necesarias para producir un nuevo Merckx? El único inconveniente de un fenómeno así es que reduce a todos los demás al papel de figurantes. Son los primeros de la historia que se enfrentan a una individualidad sin precedentes en los anales del deporte ciclista. Merckx no solo domina a su generación, él esta simplemente fuera de categoría[17]». En Mourenx-Ville-Nouvelle, el primer grupo de vencidos, entre los que se encontraba Van Den Bossche, llega con 7 minutos y 46 segundos de retraso. «Cedí el segundo puesto a Dancelli por veinte tubulares», sonríe Martin.

Por la noche, en el hotel, aún no se ha recuperado de los acontecimientos del día. Está pensativo cuando pasa por delante de la habitación de Merckx y, sin pensárselo, llama a la puerta. Martin aún se ve diciéndole: «Hoy, el gregario que soy esperaba un pequeño gesto de parte de un gran campeón que tú eres». Pero al rememorar los últimos días, VDB acaba por comprender. Unos días antes, el italiano Marino Basso, velocista que corre para Molteni, le dijo que el gran jefe, Pietro Molteni, el rey del salami, quiere contratarle por un sueldo cuatro veces superior al de Faema. «Por honestidad, se lo dije a Eddy. Lo único que me dijo fue que había un Tour de Francia que ganar, pero estaba ofendido, podía sentirlo». Van Den Bossche insiste incluso en que, al final del Tour, Jean Van Buggenhout, personaje central a la sombra de Merckx, un *mánager* poderoso en el ciclismo de Bélgica y otros lugares, le «llamó como a todos los demás corredores para hablar de lo que pasaría después. Algunos se fueron con sueldos cinco veces superiores al mío, pero yo no recibí la menor oferta. Terminaba mi contrato y me fui a Molteni. Me di cuenta de que también recuperaba mi libertad. Esa mentalidad de clan me pesaba. El jefe pedía una *gueuze*[18] y once chicos pedían inmediatamente una *gueuze*. El episodio del Tourmalet me abrió los ojos, yo solo servía para lustrar zapatos

---

[17] *Hors-catégorie,* en el original, como los grandes puertos. N. del T..

[18] Tipo de cerveza belga, producida en la zona de Bruselas. N. del T.

y mantener la boca cerrada. Hubiera esperado un poco más de reconocimiento, y eso es lo que realmente me molestó. La decisión de unirme a Marino (Basso) en Molteni fue la mejor de mi vida. Ese año, en un pueblo del sur de Italia, conocí a Antonia, que se convirtió en mi mujer. Eddy y yo nunca volvimos a hablar de ello. Hubo muchos otros buenos momentos en mi carrera».

Con o sin la polémica que el asunto de Savona desató en el mundo del ciclismo, aquel verano del 69 habría sido inolvidable. Adamo, con su nuevo éxito *À demain sur la lune* (Mañana en la luna), al estilo acordeón, no estaba muy lejos de la verdad. El estadounidense Neil Armstrong, a bordo de su Apolo 11, tenía previsto aterrizar allí al día siguiente del final del Tour, el veinte de julio, un domingo en el que un delirio de júbilo se apoderó de Bruselas. Una docena de trenes, un centenar de autocares y miles de coches parten hacia París. Eran los tiempos en que Bruselas soñaba con un sucesor de Sylvère Maes, «eran los tiempos en que Bruselas bruseleaba, los tiempos en que Bruselas cantaba[19]». Según los periódicos de la época, más de diez mil personas se agolpan en el velódromo de La Cipale, en Vincennes, para celebrar con un día de antelación la fiesta de Bélgica. Sonó la *Brabançonne*. ¿Sabía Merckx que la letra fue escrita por un francés, Louis-Alexandre Déchet, y luego modernizada por otro francés, Charles Rogier? «Tras siglos de esclavitud / El belga que emerge de la tumba / Ha reconquistado por su coraje / Su nombre, sus derechos y su bandera». Es como si hubieran sido escritas para él. Ante este recuerdo, el rostro de Martin Van Den Bossche se cierra, sus mandíbulas se aprietan con fuerza, la emoción le desborda y ahoga un sollozo. Un momento más tarde ya no había nada que ver.

Aventuramos una última pregunta:

Merckx, el campeón, ¿cómo lo describirías?

— El más grande, y eso no es suficiente. Un campeón mundial, universal quizás. La palabra aún está por inventar.

— ¿Y el hombre?

---

[19] Referencia a la canción de Jacques Brel. N. del T.

—Ya lo he dicho todo. A veces podemos no tener las mismas ideas, pero Merckx es un amigo. Uno no traiciona a sus amigos.

LA CIPALE, DOS VECES

«El ambiente me estimuló.
La amistad con alguien es como un gran amor.
No se sabe por qué, simplemente te cae encima»

Italo Zilioli, compañero de equipo

Quizás sea necesario introducir un paréntesis antes de analizar la sexta temporada profesional del hombre que, a los veinticuatro años, se había convertido en figura central del pelotón. El año 1969, que marca la entrada definitiva en una nueva era, legitima el progreso de Eddy Merckx por las carreteras de Flandes, Italia, España y Francia. La forma en que arrasó a los competidores durante su primera Grande Boucle es la prueba de que el ciclismo celebra un fenómeno. Sus rivales ya corren a la sombra de Eddy Merckx, y pronto no competirán más que por el segundo puesto. Sin embargo, faltó muy poco para que su carrera se detuviera en la noche del nueve de septiembre de 1969, sobre la pista de cemento del pequeño velódromo de Blois, donde compite junto a Jacques Anquetil, quíntuple ganador de la Grande Boucle.

Es durante una carrera tras Derny cuando se produce el drama. El equipo que le precede se estrella y Fernand Wambst, su entrenador, choca con la pequeña motocicleta que había quedado en medio de la pista, cayendo. Muere en el acto, mientras que Merckx aterriza pesadamente sobre su espalda quince metros más adelante, y golpea con la cabeza un bordillo de cemento. El resultado: conmoción cerebral y dislocación de la pelvis. Estuvo cerca. No llevaba más que una simple chinchonera de goma con un poco de espuma en su interior. Esta luxación de la pelvis es más complicada de lo que parece: «Después de Blois, nunca pude encontrar mi ritmo de pedaleo habitual en la montaña. Tenía menos potencia en la pierna izquierda y un dolor persistente me obligaba a cambiar constantemente mi posición sobre la bici». Pese a todo, el Merckx de los años 70 ya está allí. Listo para ser usado. Aunque, según él, ya nada será como antes, el corredor de Bruselas sigue necesitando tanto espacio en 1970 como retos mayores que asumir. Después de las clásicas, donde gana la París-Roubaix, la Gante-Wevelgem, la Flecha Valona, el Campeonato de Bélgica, y el Giro, donde restablece su supremacía, ahora se enfrenta al Tour de Francia. Para un doblete que solo Fausto Coppi (1949 y 1952) y Jacques Anquetil (1964) habían logrado antes que él.

Dicho de otra forma, nada ni nadie le detiene. Es como si, basándose en el principio fundamental de Maquiavelo, su primer deber fuera ser poderoso y seguir buscando cómo aumentar ese poder. ¿Quién pudiera pensar que estaba mermado en la salida de Limoges, el 27 de junio de 1970? Su equipo se llama ahora Faemino, la nueva marca de café soluble lanzada por el italiano Carlo Valente, propietario de los cafés Faema, y, como en la edición anterior, sus compañeros son todos belgas, excepto el italiano Italo Zilioli, que sustituye a Scandelli, su compatriota. Se ha convertido en una constante en las escuadras de Merckx que los compañeros de equipo que le rodean deben ser implacables, dispuestos a cualquier sacrificio y sin ningún ego personal. Y entonces, en la segunda etapa, al final de una escapada de ciento cuarenta kilómetros entre La Rochelle y Angers, Zilioli gana el esprint y le despoja del maillot amarillo que porta desde el prólogo. ¿Está enfadado el jefe? Para averiguarlo, lo mejor era ir a ver al culpable que, curiosamente, compartía habitación con él durante este Tour de Francia.

Esta búsqueda me lleva a Ruffia, un pueblecito piamontés de trescientas almas, cincuenta kilómetros al este de Turín, que huele a pradera y, con los sonidos de los cencerros, a ganado. ¿Qué se puede decir de alguien que, en lugar de darte la mano, te abre los brazos y te da pronto su confianza? «Entre Eddy y yo hubo una buena química», empieza Zilioli. «Vi y viví dentro del sistema durante aquellos años. Todos los líderes, en cuanto las cosas se ponían feas, se agarraban a un gregario. Eddy jamás. Estaba por encima del sistema. En todas partes, en todos los terrenos. Fuera de categoría. El día que Vincenzo Giacotto, *mánager* italiano de Faema, me preguntó si me interesaría hacer de gregario para Merckx, le dije que iría en bici hasta Bélgica si hacía falta para firmar mi contrato. Solo hice una temporada con ellos, y fue la mejor experiencia de mi carrera. Nunca he sentido esta emoción en ningún otro sitio. Yo rendía bien si estaba alegre, y la amistad es alegría. Estas cosas no se pueden explicar. Recuerdo que todo el mundo estaba honrado por estar allí. El ambiente era estimulante. La amistad con alguien es como un gran amor. No se sabe por qué, simplemente te cae encima».

Quién no se llevaría bien con un hombre así, que habla de cocina con el corazón, toca maravillosamente el repertorio de Piaf con el acordeón, ríe todo el tiempo, ama el ciclismo y no oculta nada de esa famosa etapa La Rochelle- Angers. «Tenía que meterme en las escapadas para controlar, así que me puse en cabeza, me escapé del pelotón y rodé con un pequeño grupo. En el llano había gente mucho más grande y fuerte que yo para proteger a Eddy. También estaba Vandenbergue conmigo. Así que decidimos que, para hacer trabajar a los rivales de Eddy, lo mejor era tirar. No hubo ninguna polémica a pesar de lo que dijo Driessens, nuestro director de equipo. Al contrario, las palabras de Eddy fueron benévolas: 'tranquilo, Italo. No estoy enfadado, pero recuerda que ciento cuarenta kilómetros de escapada son mucho esfuerzo y el Tour aún es largo'».

Unos días más tarde, sobre los adoquines, camino Valenciennes, el maillot amarillo pincha. Un documento impactante muestra a Zilioli, rueda en mano, esperando un coche de asistencia que tarda en llegar mientras el tren de los Faemino, sin miramientos, se precipita hacia la meta: «Lo sé, esta foto ha dado mucho que hablar. Pinchazo o no, se ha restablecido la lógica. El equipo tenía que estar alrededor de Merckx, y yo solo era uno más en la estrategia. Si lo piensas bien, ese maillot amarillo nunca salió de nuestra habitación de Limoges a París. Por las noches, en la cena, había buen ambiente. Yo estaba sentado al lado de Eddy, que me traducía el flamenco. Era mucho más serio y triste en el equipo de Gimondi, con quien trabajé varias temporadas, más nervioso también. Al final de la comida, Eddy solía golpear la mesa con los dedos imitando un tam-tam y todo el mundo lo seguía. Era el tam-tam de la guerra». Zilioli nunca se queja: «Entrar en este círculo imponía una disciplina y un rigor que no permitían aflojar. La gente nos ha comparado con las legiones romanas del Cesar, y es el cumplido más bonito que he oído nunca».

El piamontés está tanto más agradecido por haber sido elegido compañero de habitación del «gran jefe» por cuanto que sufre de sonambulismo y puede despertarse gritando a cualquier hora de la noche. «Me pasó una vez durante el Tour 70. Me levanté de la cama gritando, ¡fuego! ¡fuego! Abrí la puerta y salí al pasillo. Eddy se despertó, me cogió en brazos, como habría hecho un padre con su hijo pequeño, y me ayudó tranquilamente a volver a la cama. Cómo no ser ejemplar después sobre la carretera. Con la energía del corazón se pueden conseguir grandes cosas».

Entre Limoges y París, el bruselense se lleva la mayor parte de los honores: ocho etapas, premio al mejor escalador, clasificación de la combinada y combatividad.

«Di papá, ¿quién es ese Merckx del que todo el mundo habla?», preguntó Brigitte Raymond, de ocho años, un día que fue a besar a su padre, Christian, antiguo compañero del maillot amarillo y bromista de primera.

— Es un caballero que no deja nada de comer a los demás.

— Así que es un caníbal, concluyó la niña.

Las leyendas son aún más hermosas cuando salen de boca de los niños. Merckx hará de ello su carrera. Pero en la montaña, el Caníbal es menos aéreo y su pedaleo menos fluido. En varias ocasiones durante la prueba, tiene que ajustar la tija del sillín para aliviar la tensión de su espalda. Como buen observador, Martin Van Den Bossche, antiguo compañero de equipo que se ha pasado al enemigo, ni siquiera necesita este detalle para saber si el maillot amarillo tenía o no un buen día: «Le conocía de memoria y veía enseguida cuando no iba bien. Antes de la salida, cuando se mostraba demasiado amigable, dando la mano, parándose a conversar, sabía que no tenía buenas piernas. Incluso me di cuenta por la forma en que estaba peinado. Así que apretaba fuerte los pedales. Y volvía a apretar. Nadie me había hecho ningún favor el año anterior». VDB no apretará lo suficiente como para batirle en la cima del Ventoux, que Merckx sube por primera vez con un crespón negro en homenaje a Vincenzo Giacotto, fallecido el día anterior. El duelo a distancia entre los dos corredores belgas termina después de la meta, cuando llegó la ambulancia del médico del Tour, el doctor Dumas, donde el uno y el otro, a punto de desmayarse por falta de oxígeno, son puestos bajo vigilancia.

La vieja guardia francesa, Poulidor, Aimar y Pingeon, ha naufragado en este Tour, al igual que Jan Janssen, mientras que Gimondi ha preferido quedarse en casa. Una generación de jóvenes lobos aprovechó la oportunidad para brillar. Nadie conoce demasiado a Joop Zoetemelk, de veinticuatro años, ganador del Tour del Porvenir en 1969, que termina segundo en París durante su primer Tour. Una *performance* que reeditará seis veces en dieciséis participaciones, antes de reclamar el Grial en 1980, a los treinta y cuatro años. Por el momento, la eclosión de los jóvenes franceses se limita a victorias de etapa, pero la pregunta sigue en el aire: ¿y si uno de ellos es quien se interpondrá en la ruta de Eddy Merckx mañana? Los ganadores en cuestión son: Cyrille Guimard (1ª etapa), Alain Vasseur (8ª) Christian Raymond (19ª), Bernard Thévenet (18ª) y Jean-Pierre Danguillaume (22ª). Lo más interesante es que entre ellos figura un tal Thévenet, de veintidós años, buen escalador y contrarrelojista. Gaston Plaud, director deportivo de Peugeot, le avisó, por defecto, solo tres días antes de la salida. El borgoñón sabe que tiene algunos kilos de más y considera que su condición es «muy normalita» para una carrera de tres semanas como el Tour. Le vienen a la mente algunos recuerdos personales: «La primera vez que vi a Merckx, aparte de en una foto que estaba expuesta en nuestra habitación del *Bataillon de Joinville*, fue en 1966, antes de un critérium cerca de mi casa. Mis padres y yo fuimos a verle al restaurante que había a dos kilómetros de Le Guidon, la aldea donde vivíamos».

Hay otra primera vez, ahora en bicicleta, en la salida del Gran Premio de Mónaco de 1970, al principio de la temporada, y otra en Mont Faron, una subida contrarreloj, un mes más tarde. Thévenet casi podría haber enmarcado esta anécdota: «Plaud me hizo salir al principio, luego se levantó un fuerte viento y mantuve el mejor tiempo hasta el final. Fue mi primera victoria en profesionales. Merckx tuvo un problema en un paso a nivel y se cayó». ¿Cómo imaginar el futuro sobre las pendientes del Tourmalet, un catorce de julio, bajo la niebla y la lluvia? «Cuando ataqué al pie del Tourmalet, estoy seguro de que ni un solo corredor creía en mis posibilidades porque nadie se movió. Nunca había llegado tan lejos en el sufrimiento. Es tan difícil ganar una etapa en el Tour que no puedes olvidarlo cuando sucede. En La Mongie supe que iba a hacer carrera y que tenía mi sitio en el pelotón».

Eddy Merckx se deshace en elogios hacia él en la prensa al día siguiente. Sin imaginar, ni por un momento, que, cinco años más tarde, ese grandullón con rizos que llevaba patillas como las suyas, le impediría añadir un sexto Tour de Francia a su palmarés.

ORCIÈRES-MARSELLA-MENTÉ

«Durante doscientos cincuenta kilómetros, Merckx, Huysmans y Wagtmans se gritaron en flamenco para darse ánimos. Estuve al límite durante cien kilómetros. Ni siquiera tuvimos tiempo de pedir un bidón de agua. Si nos salíamos un poco del camino, corríamos el riesgo de que nos echaran»

Robert Bouloux, escapado en la etapa Orcières-Marsella

El Tour es el hogar de los héroes por excelencia. La edición del 71, de Mulhouse a París, lo ilustra perfectamente. Más de cincuenta años después siguen viniendo a la mente las mismas palabras: drama, locura, inconsciencia. Porque en el comportamiento de un héroe hay casi siempre un elemento ciego, irracional, una especie de instinto más fuerte que él, algo de lo que no puede escapar. Vayamos, directamente, al meollo de la cuestión.

Para este drama en tres actos, magníficamente escenificado, la historia ha elegido a dos grandes modelos. En la esquina derecha, Eddy Merckx, ya bicampeón del Tour y del mundo, con abundantes Monumentos y, a su alrededor, un equipo que maniobra como un estado mayor. En la esquina izquierda, Luis Ocaña, con una Vuelta a España en su palmarés y una sola victoria de etapa en el Tour, pero que acaba de ganar la Vuelta a Catalunya y la Vuelta al País Vasco, y se postula como el candidato más serio a suceder a Merckx. Y, sobre todo, es su enemigo irreductible.

La trilogía Orcières-Marsella-Menté del Tour de 1971 forma parte de la leyenda tanto como Sainte-Marie-de-Campan y la horquilla de Eugène Christophe, o el Puy-de-Dôme y el duelo Anquetil-Poulidor. La acción, desde los Altos Alpes hasta los Pirineos, pasando por el valle de Champsaur, es tan romántica como el tema: la conquista del maillot amarillo. Joop Zoetemelk, que ha desposeído a Merckx de la túnica sagrada en Grenoble, donde Bernard Thévenet ganó la décima etapa, no distrajo un ápice la atención del verdadero duelo: Merckx contra Ocaña. Desde que el español ganó en Puy-de-Dôme, aventajando al belga en quince segundos, y relegándole dos días después a un minuto y treinta seis segundos aprovechando un pinchazo, las cosas se fueron caldeando. Jean-Claude Genty, su compañero de equipo en el Bic, que tenía un asiento en primera fila en este Tour, dice sin rodeos: «*L'Autre con*[20]», así es como Luis llamaba a veces a Merckx. Estaba seguro de hacerlo, creía que por fin iba a hacerlo. Hizo carrera de esta rivalidad. Era a la vez su obsesión y su temor. Tenía que vencer a Merckx, pero lo temía. Luis tenía un carácter fuerte y era tan testarudo como se pueda imaginar. Era corajudo, muy español, tenía pelotas. No se rendía jamás». Quizá para convencerse de ello, y que me muera si no es cierto, a la menor ocasión prometía: «Me cago en la puta, voy a hacer que ese Caníbal cabrón se coma su bici». Según otros testigos, llevó su rivalidad hasta el punto de llamar a su perro Merckx, y se divertía dándole órdenes: «Siéntate Merckx. Dame la pata Merckx». Escuchar a los actores de aquella época es también redescubrir a dos personajes extraordinarios, dos caracteres opuestos, dos escuelas de vida, dos formas de ver el ciclismo. Su retrato en cinco palabras podría ser: perfeccionismo, trabajo, exigencia, audacia, coraje para Merckx; ebullición, generosidad, pasión, rebeldía, desesperación para Ocaña. Hay quien dice que Ocaña habría ganado si no se hubiera caído, y quien afirma que Merckx habría recuperado el terreno perdido porque el español estaba agotado. Los dos bandos son irreconciliables al respecto.

---

[20] *El cabrón,* podríamos traducir. N. del T.

Antes de volver al primero de los tres actos mayores del Tour, entre Grenoble y Orcières, el 8 de julio de 1971, es importante señalar un cambio en Merckx. Ahora, guarda en todo momento una llave en el bolsillo del maillot para ajustar él mismo la tija durante la carrera y aliviar el dolor de espalda. Las secuelas de su caída son irreversibles, y lo sabe. Sufrirá el resto de su carrera. En su equipaje lleva una docena de pares de zapatillas, una docena de bicicletas, y ha encargado a su mecánico que le lime el pedal unos milímetros para lograr simetría perfecta. Una observación más, sobre sus respectivos compañeros de equipo. Sin ellos, este duelo homérico nunca habría alcanzado tales cotas y debemos mencionarlos a todos aquí, como un deber de memoria. Con el maillot Molteni, color tabaco, dirigido por Giorgio Albani: Joseph Bruyère, Jos Huysmans, Frans Mintjens, Jos Spruyt, Julien Stevens, Roger Swerts, Victor Van Schil, Herman Van Springel y Rinus Wagtmans. Con el maillot naranja y blanco de Bic, donde Maurice De Muer ejerce como director de equipo: Roland Berland, Francis Ducreux, Jean-Claude Genty, Charly Grosskost, Bernard Labourdette, Désiré Letort, Leif Mortensen, Johnny Schleck y Alain Vasseur.

Jueves ocho de julio, undécima etapa, Grenoble-Orcières. Meteorología de cielo azul. Eddy Merckx no está de buen humor. La víspera, un pinchazo en el descenso del Col du Cucheron le hizo perder contacto con el grupo de cabeza. Lucien Van Impe, que sería el rey de la montaña al final, dijo: «Cuando Ocaña se dio cuenta de que Merckx ya no estaba, nos dijo: 'Vamos, tenemos que apretar. Esta es nuestra oportunidad. En el Col de Porte, Merckx no pudo volver a entrar'». Pero lo que molesta a Merckx no es tanto ver a Zoetemelk de amarillo, no... son «los abucheos, los gestos insultantes del público en el Col de Porte», le confía al periodista belga Louis Clicteur. Incluso en el velódromo de Grenoble fue recibido por un concierto de pitidos. El inicio de la Francia antiMerckx, que se prolongaría durante mucho tiempo y no haría sino empeorar. La etapa de Orcières, de 134 kilómetros, es un campo de minas. Las pendientes del dieciocho por ciento de la Côte de Laffrey, donde los camiones Berliet vienen a testar sus frenos, muestran inmediatamente los límites de Merckx. Comprende que le espera un mal día. Empieza a dolerle el estómago. Se encuentra muy mal, «en agonía», según sus propias palabras. Ninguna mejoría notable sobre las pendientes del Col du Noyer, más adelante, mientras que, en cabeza, Luis Ocaña acaricia los pedales y realiza el mayor número de su carrera, número anunciado por la mañana en la salida. Roland Berland, uno de sus compañeros, aún lo recuerda dirigiéndose a todo el equipo:

Bien, hoy voy a ponerle de rodillas. Berland, Grosskost, poned el pelotón en fila india hasta el pie de la Côte de Laffrey. Allí, atacaré y fin del asunto.

— Ojo, atacar esta bien, le contestó Berland, pero no olvides que desde la cima de Laffrey te quedan cien kilómetros hasta la meta.

— Ese no es tu problema, es el mío –replicó Ocaña.

«Estaba serio, y no tenía nada que ver con cómo solía estarlo a veces, cuando nos decía en un tono un poco más trivial: ¡Venga burritos, vamos!»

Jean-Claude Genty, asombrado, añade: «Nunca le había visto así. No sabía correr, Luis, pero tenía clase, un olfato animal y un orgullo desmesurado. Con su resistencia y sus rebeldías, encarnaba una fuerza inmensa. Ese día fue mejor que Merckx». Durante los quince kilómetros de ascenso a Orcières, el pelotón se mantiene a rueda de Merckx, solo, sin *equipiers*. Años más tarde, hablaría de esa etapa como de una «pesadilla, la impresión de que todo el pelotón tenía una cuenta pendiente conmigo y se pusieron de acuerdo para hacerme perder». Genty conserva una imagen que nunca olvidará: «La nobleza de un hombre derribado, de una gran dignidad. Incluso cuando estaba mal, Merckx conservaba el aspecto de un señor. En un momento dado, me puse detrás de él y le vi llorar. Te aseguro que estaba llorando, no lo soñé».

El peaje es pesado. Merckx se ve retrasado ocho minutos y cuarenta y dos segundos en la meta. Ocaña se dice que por fin tenía agarrado al lobo por las orejas. ¿Quién iba a pensar que el mayor golpe de la historia del Tour se va a tramar al día siguiente, durante la jornada de descanso en Orcières, antes de poner rumbo a Marsella? La simple exposición de los hechos abre inmediatamente la puerta a la pasión y la parcialidad. Escuchemos a uno de los protagonistas, Rinus Wagtmans, compañero de equipo de Merckx, para hacernos una idea de aquella atmósfera de filibusteros. Wagtmans es el cerebro de la operación «reconquista», y será un apoyo considerable para su líder. Sobre una bicicleta, «Rini» sabe hacer de todo: rodar, escalar y, sobre todo, bajar. Lo demostró en las concentraciones de principio de temporada. Recorrer cientos de metros haciendo el caballito es un juego de niños. Pedalear hacia atrás durante un kilómetro, o contorsionar su cuerpo y rodar con el pecho bajo el cuadro son otras dos de sus especialidades. Podría desafiar al Hombre de Goma. Ante su insistencia, Merckx y los Molteni van a reconocer el descenso de Orcières, dos veces en bicicleta y una en coche. Notan que las veinte primeras curvas son cerradas y muy técnicas. La decisión se ha tomado. Desde la bajada de la bandera, cuatro de ellos atacarán en el descenso, de unos quince kilómetros. Los demás distraerán al maillot amarillo para que no sospeche nada.

Sábado, diez de julio, decimosegunda etapa, Orcières-Marsella. Calor sofocante. En el editorial de Jacques Goddet, director del Tour, se habla de una «atmósfera sahariana». Wagtmans, que ahora divide su tiempo entre el *Sunshine State*, cerca de Miami, y su Brabante Septentrional natal, dice: «También había conseguido que participaran en el golpe otros buenos bajadores. Van der Vleuten, un amigo mío, está prevenido: Si quieres pasártelo bien con nosotros mañana, no te olvides el paracaídas. Unos minutos antes de la salida, saludé a Ocaña, que estaba charlando en la parte de atrás del grupo, apoyado en las vallas con algunos periodistas. Me devolvió el saludo. Merckx, Huysmans y Stevens estaban escondidos a un lado. El señor Lévitan ni siquiera había terminado de arriar la bandera, y yo ya había recorrido cien metros con Eddy a mi rueda». Un escalofrío recorrió el pelotón, la gente se queja, va con el gancho. Demasiado tarde. Cuando Ocaña levantó la vista, los de delante ya estaban a quinientos metros. Jean-Claude Genty confirma: «Ya no hay pelotón, sino corredores por todas partes. Las caídas han retrasado a Luis, que también se ha caído, pero no de gravedad. Debió de pinchar tres veces en la primera hora. Y se necesitó una hora más para poder organizar la persecución». En cabeza, Robert Bouloux, que tampoco tenía miedo a nada en los descensos, tiene los reflejos adecuados: «Cuando vi a Wagtmans salté, pero él ya estaba dos curvas más adelante. En la parte inferior, todavía rueda a cincuenta metros. Tardé un kilómetro al esprint en recortar esa distancia. Y durante doscientos cincuenta kilómetros, Merckx, Huysmans y Wagtmans se gritaron en flamenco para darse ánimos. Eran los únicos que relevaban. Estuve al límite durante cien kilómetros. Con la canícula, ni siquiera tuvimos tiempo de pedir un bidón de agua. Si nos desviábamos un poco, nos arriesgábamos a que nos dejasen».

Hay una delgada línea entre la locura y la temeridad. Pero, con ocho minutos a remontar, arriesgar lo imposible es la única regla. En el Vieux Port, el beneficio de los nueve escapados (Aimar, Armani, Bouloux, Letort, Paolini, Van der Vleuten y los tres Moltenis) solo es de un minuto y cincuenta y seis segundos. Pero ¡qué ritmo! Una velocidad media de más de cuarenta y seis kilómetros por hora, y una hora y media de adelanto sobre el mejor tiempo. Las vallas de meta todavía se están colocando y Gaston Defferre, el alcalde de Marsella que iba a entregar el maillot amarillo aún está en el avión que acababa de aterrizar en Marignane. Para Merckx, la ganancia es mínima. Qué importa. «Luchar incluso por una pizca de paja cuando el honor está en juego ha sido siempre (la expresión es de Hamlet) el propósito de las naturalezas heroicas». Eddy Merckx es una de esas naturalezas. Luis Ocaña otra, y eso nadie se lo puede quitar. Tras la llegada, Wagtmans siguió espiando al maillot amarillo: «Fue ayudado por buena parte del pelotón en la persecución, pero quería mirar su estado físico y me sorprendió ver que dos personas le sostenían en su camino hacia el podio, donde aún necesitó ayuda para subir. Entonces supe con certeza que esto no había terminado. Se había dejado muchas más fuerzas de lo que pensaba en esta persecución. Conozco bien a Ocaña, él siempre es orgulloso, pero entonces ya no era él mismo».

Lunes, doce de julio, etapa catorce, Revel-Luchon. El tiempo es tormentoso. Antes de llegar a Luchon, doscientos catorce kilómetros más adelante, hay que escalar Portet d'Aspet, Menté y Portillon. El plan de los Molteni depende de la recuperación de Luis Ocaña, todavía con el maillot amarillo. El español aún puede confiar en las alianzas para salvar su maillot. En el grupo que tiraba de Luis hacia Marsella se encontraban los Flandria, de Zoetemelk, y los Mercier, de Guimard, «a quien Ocaña había prometido el maillot verde si cooperaba», apunta Wagtmans. A partir de entonces, Merckx y su clan no tienen elección. Deben pasar a la ofensiva, deben subir los puertos a tope. En las primeras rampas del Col de Menté, el astuto «Rini» Wagtmans ve que, en cada una de las aceleraciones, Ocaña se descolgaba entre diez y veinte metros, y cada vez tarda un poco más en remontar. También se dio cuenta de que bajo las axilas del maillot amarillo hay grandes halos blancos, «había perdido muchas sales minerales, no podía mantener ese ritmo durante doscientos kilómetros».

En la carretera de Menté, el mercurio se acerca ya a los treinta grados. El trueno que retumbaba a lo lejos está ahora muy cerca. Las tormentas... bah, ya han pasado por otras. Pero como esta, que está a punto de caer sobre sus cabezas brutal y salvaje, nunca. Robert Bouloux recuerda haber estado en aquella ruta del apocalipsis: «En un minuto fue un diluvio de agua y granizo. La carretera era un torrente loco de barro, ramas y piedras de hielo. Cuando cuento la historia, todavía estoy allí». El recuerdo de Bernard Thévenet: «Estábamos casi en la cima, el cielo se volvió negro, era casi de noche. El viento se levantó e inmediatamente después, la tormenta. Una tormenta violenta y malvada. La carretera había desaparecido. Uno de los momentos más peligrosos de mi carrera. Una de las pocas veces que tuve miedo». Merckx ya ha tomado una veintena de metros de avance sobre Ocaña, y aprieta. «Ya no teníamos frenos», continúa Joop Zoetemelk. «Había que utilizar los pies para mantenerse en pie, pero con estos regueros de barro seguíamos derrapando, la bici estaba fuera de control. Al final del descenso, mis zapatillas estaban completamente deformadas, parecían pantuflas». Y, de repente, el drama. En una herradura, casi imposible de tomar, Merckx cae. Rodilla raspada contra una roca, pero vuelve a salir con la misma rapidez. Ocaña tiene menos suerte. Se cae en el mismo punto, se levanta, nota que su rueda delantera tiene radios rotos y no ve a Zoetemelk, desequilibrado, chocar contra él en *aquaplaning*. El impacto es violento. Agostinho consigue caer encima del maillot amarillo, que se retuerce de dolor tendido en el suelo. Thévenet de nuevo: «Vi al maillot amarillo tendido y, si un mecánico no me detiene, le caigo encima. Por la noche, durante el masaje, reproducimos la película en nuestras cabezas. ¿Por qué tomó Ocaña todos esos riesgos? Más tarde, me enteré de que la ruta de la carrera en el lado español pasaba por un pequeño pueblo donde habían vivido sus padres. El orgullo y la vanidad pueden llevarte muy lejos. Pero, si cambias el carácter de las personas, ya no son las mismas, y si él no hubiera llevado ese orgullo dentro, quizá no habría atacado como lo hizo en la etapa de Orcières».

Al día siguiente, *L'Équipe* publica el inolvidable titular *Le Tour foudroyé* («El Tour fulminado»). En su columna, Antoine Blondin saluda la retirada de Luis Ocaña con la magnífica frase *Quand le soleil nous quitte deux fois* («Cuando el sol nos abandona dos veces»). Más de cincuenta años después, Jean-Claude Genty, fiel compañero de equipo, no ha cambiado de opinión: «Su orgullo lo perdió. Nunca debería haber intentado seguir a Merckx. A veces era muy torpe en los descensos y todavía tengo esa duda: si no se hubiera caído, me cuesta creer que hubiera ganado a Merckx». En el bando de Molteni no hay dudas, solo convicción: «Luis siempre tenía un mal día en una Gran Vuelta. Estaba al límite de sus fuerzas y a punto de explotar. Esta caída le dio una salida honorable», dice Wagtmans. En cuanto a José Manuel Fuente, vencedor en Luchon tras llegar con el control cerrado a Marsella, luego repescado en medio de la polémica como todo el equipo Kas, se mostró contrariado al ver que nadie se interesaba por él: «Os vais a arrepentir», amenazó el corredor asturiano. «Mañana dejaré a todo el pelotón fuera de control».

Quedan cinco etapas hasta La Cipale, suficientes para que los Molteni pasen factura a los que se habían confabulado contra Merckx. El gran perdedor fue Cyrille Guimard, a quien Ocaña había prometido el maillot verde. El Caníbal hizo un asunto de honor el arrebatárselo. Un golpe de efecto entre Mont-de-Marsan y Burdeos, con la ayuda de Roger Swerts y Julien Stevens, dos de sus compañeros de equipo, zanjó el asunto. Irónicamente, Merckx diría más tarde de Guimard: «Su maillot debió quedarse pegado a un pino en algún lugar de las Landas». Esta actitud bulímica le vale al Caníbal cada vez más críticas, pero Jacques Goddet estaba encantado: «En eso consisten las carreras, en la búsqueda de conquistas y no en mezquinas concesiones a las masas». El casi tricampeón del Tour también supo prescindir de la competición. Jean-Pierre Danguillaume, futuro capitán de ruta de Bernard Thévenet, se aprovechó de ello durante la decimoctava etapa entre Burdeos y Poitiers: «Después del Pont d'Aquitaine, Eddy se me acercó: Eh, tú, llevas una rueda ligera detrás con un tubular de ciento ochenta gramos, estás tramando algo. Debes perdonarme, pero uno de mis compañeros se va a pegar a ti». En Ruffec, a falta de setenta kilómetros, el corredor de Tourangeau estaba en la escapada buena y, como había prometido, llevaba a Jos Spruyt en el portaequipajes. Danguillaume: «La llegada se decidió en una pista de tartán y sabía que para ganar tenía que entrar en cabeza. Necesitaba esta victoria. Mi mujer me había dicho que solo quedaban cincuenta y cuatro francos en la cuenta y que le debíamos cuatro mil al albañil. Pedí a varios de los chicos de la escapada si podían hacerme el último kilómetro, y ratoneé por todas partes. Solo quedaba uno, Spruyt, y me acerqué a él: «Joseph, ¿podrías correr ahora para mí?». Sin discutir, hizo el trabajo y gané. Esa noche, estábamos en el mismo hotel que los Moltenis y le pregunté a Merckx cuánto les debía por el empujón: eso es entre los dos, me dijo. Le di a Spruyt un pequeño billete y él añadió, estrechándome la mano: la próxima vez será mucho más caro».

Maillot amarillo, maillot verde, clasificación general, cuatro etapas... en su primera temporada con Molteni, se ganó con creces el contrato.

Aquel año, en lo más profundo de las Côtes d'Armor, un adolescente acababa de descubrir su pasión por el ciclismo. Es de Yffiniac. Para sacar cuatro perras trabajaba los fines de semana en una estación de servicio. Pronto ganó lo suficiente para comprar una bicicleta Gitane a su hermano Gilbert. En Planguenoual, un domingo de primavera, participó en su primera carrera. Al día siguiente, el periódico *Ouest-France* dedicó un cuarto de página a la primera victoria de Bernard Hinault.

LA CIPALE, CUARTA

«Luis era el hombre de la primavera y del Tour.
Eddy era el hombre de las cuatro estaciones.
Lo más admirable es que corría para ganarlo todo,
no para entrenarse como algunos hoy en día».

Roland Berland, bicampeón de Francia,
compañero de equipo de Ocaña

Al ganar el Tour 72, su cuarta victoria consecutiva (1969, 1970, 1971, 1972), Eddy Merckx se convierte en el igual de Jacques Anquetil (1961, 1962, 1963 y 1964). El normando ya había logrado la quinta (1957), el bruselense aún no. La revancha entre Merckx y Ocaña, que había terminado abruptamente en 1971 después de que el aspirante se estrellara en los Pirineos durante la decimocuarta etapa, conoce idéntico epílogo en 1972: enfermo, Ocaña no toma la salida en la decimoquinta etapa. Esta edición, de Angers a París, en la que no participa ningún equipo español[21], es execrable en lo meteorológico. Tormentas, viento y temperaturas que algunos días no suben de los trece grados. Todo lo que odia el campeón español, sobre quien un cuadro de bronquitis degenera en infección pulmonar. Tras su retirada, Ocaña prácticamente no se dejó ver durante el resto de la temporada. Y, aunque había esca-

[21] Primera vez desde 1962, tercera desde 1950. N. del T.

lado hasta el segundo puesto de la general durante tres días a la sombra de Merckx, Roland Berland, su antiguo capitán de ruta en el Bic, afirma: «Nunca sentí que pudiera ganar este Tour; no estaba en la batalla, fue dominado de principio a fin, al contrario que en el Tour del 71, donde vi a un Ocaña grande, muy grande».

«Merk, Merk, Merk (así pronunciaba su nombre), ¿qué más tiene? Voy a por él. Le pondré de rodillas». Era cuando estaba enfadado, cuando la sangre le hervía en las arterias, que el español de Mont de Marsan se mostraba como un gran campeón, como en Orcières 71, su apoteosis. A menudo despotricaba contra «ese salvaje que ataca todo el tiempo», su mayor enemigo, que conocía su temperamento y, provocador, se sumaba a él, «lo que enfurecía aún más a Luis», recuerda Berland, «no había muchos que se atrevieran a desafiarle de esta forma públicamente». El que fuera doble campeón de Francia de la época (1972 y 1979), plantea otro problema, un carácter que probablemente frustró el gran objetivo de su carrera: «Luis era un chico de extremos. De la euforia, un día, podía pasar a la preocupación o la desesperación al siguiente, y cuando tienes que mover un menhir de ese tamaño que te bloquea el camino, es difícil. Pero hay una cosa que nunca le quitaré, y es la enorme energía que ponía en su trabajo, que ponía en vencerlo. Luis era un hombre de hazañas. Y en Orcières se asemejó al gran Merckx».

En este pequeño juego para niños grandes, tipo «Quién es el más fuerte», había en Ocaña una gran laguna que no existía en Merckx: la salud. «Ocaña era más frágil, necesitaba sol», señala acertadamente Berland. «Luis era el hombre de la primavera y el Tour. Eddy era el hombre de las cuatro estaciones. Lo más admirable es que corría para ganarlo todo, no para entrenar como algunos hoy». Su orgullo ya no chocaría tan violentamente como lo hizo durante el Tour del 71. Merckx se saltó el Tour de 1973 y Ocaña, tras su Tour de la Gloria de ese año, hará lo mismo por una fractura en el codo en 1974.

Volvamos al Tour del 72. Antes de presentarse como el gran favorito el primero de julio en Angers, Merckx no estuvo ocioso: además de su tercer Giro, había ganado la Milán-Remo y la Lieja-

Bastoña-Lieja, dos Monumentos a los que añadiría un tercero a final de temporada, el Giro de Lombardía. Y, como si aún necesitara inventarse un nuevo reto, el veinticinco de octubre irá a Ciudad de México para batir el Récord de la Hora (49,431 kilómetros). Resultado: cincuenta victorias en ciento veintisiete días de carrera. Simplemente monstruoso. Hablar de los trabajos de Hércules sobre una bicicleta es lo más apropiado. Nunca nadie lo ha hecho mejor.

Así pues, en 1972, Merckx está en su octava temporada y jamás ha levantado el pie desde su debut profesional en 1965. Sabemos que su fuerza se manifiesta en el trabajo de largo aliento. Que, tras su temporada en carretera, prepara la siguiente durante el invierno en los Seis Días, de Gante a Berlín, de Maastricht a Grenoble, de Amberes a Milán. Pero podría haber otra explicación, y podría ser genética. El periodista belga Rik Van Puymbroeck vive en Meensel-Kiezegem, en el Brabante flamenco, a veinte kilómetros de Lovaina, el mismo pueblo donde nació el joven Eduard Louis Joseph Merckx el diecisiete de junio de 1945, un domingo justo antes de cenar, en una casa con paredes de ladrillo rojo en Tieltsestraat. Los Merckx todavía tenían familia allí. A través de uno de sus primos hermanos, Rémi Roskins, el periodista de la revista *Bahamontes* tuvo acceso a esta información: «El abuelo materno de Eddy, un tal Theophiel Pittomvils, tenía una fuerza hercúlea. Podía levantar un saco de grano de cien kilos con una sola mano y cargarlo en el remolque de un tractor. Con toda la potencia y resistencia que Merckx desarrolla a lo largo de las temporadas, más de ciento cincuenta días de carreras en carretera y noches de invierno pasadas en velódromos para ganar, ganar cada día, ¿quién podría no deducir que ha heredado algunos de estos genes?»

Cuando el pelotón entra en los Pirineos y aborda el Aubisque, no era Merckx sino Guimard quien va de amarillo. Ocaña ya está a casi tres minutos. En esta etapa, disputada bajo la lluvia y el frío, el portador del maillot rojigualda de campeón de España se cae en el descenso del Col du Soulor, y en su caída arrastra consigo a Alain Santy y Bernard Thévenet. El primero es evacuado en helicóptero, mientras que el segundo, que se golpeó la cabeza contra un murete, tiene una herida en el cuero cabelludo y no sabe en qué carrera está. «Lo pasé fatal», recuerda Thévenet. «Me reincorporé como un autómata. No perdí el conocimiento, pero se me borró parte de la memoria. Hasta febrero pude recuperarla, los recuerdos volvieron, pero después era un agujero negro. Instintivamente, me volví hacia el coche Peugeot de mi equipo, vi la pancarta del Tour de Francia pegada en el parabrisas y pensé: «¿Qué le pasa a Gaston[22] para salir con un coche del Tour? Y le dije:

— ¿Estamos en el Tour de Francia?

— Sí.

— En serio, Gaston. ¿Dónde estamos? ¿En qué carrera?

Al mismo tiempo, meto la mano en el bolsillo de mi maillot y saco la tarjeta de etapa con el perfil. Veo que tenemos que subir el Aubisque, que en realidad hemos dejado ya atrás. Termino como puedo, entre lágrimas y todavía aturdido. El doctor Brossard, que me puso puntos de sutura, me dijo que había sufrido un traumatismo craneoencefálico. Y en mi cabeza pensaba: Menos mal que no hemos subido al Aubisque, hubiera sido complicado». Tras pasar una noche en observación en el hospital, el borgoñón pudo reemprender marcha al día siguiente. «No deberías, me dijo el médico, si sientes que la cabeza te da vueltas, abandona enseguida. Así salvé aquel Tour del 72, con dos victorias de etapa más tarde, en el Ventoux y el Ballon d'Alsace».

En carrera, Merckx ignora el sentimentalismo. Cuando el antiguo reportero Joël Godaert le preguntó una vez por su irrefrenable necesidad de acumular victorias, respondió: «Los regalos se hacen en Navidad, no en una carrera ciclista».

El campeón belga está a punto de ganar su cuarto Tour de Francia y su segundo doblete Giro-Tour, uniéndose a Fausto Coppi, a quien adelantaría dos años más tarde al ganar de nuevo el Giro de Italia y el Tour de Francia para un triplete histórico, nunca igualado desde entonces. Aunque a menudo se le

[22] Plaud, director del Peugeot. N. del T.

ha descrito como «un corredor incansable, bulímico, obsesivo y enfurecido[23]», sería más exacto decir que Merckx alimentó una pasión loca y desbordante por el ciclismo que lo consumió por completo, y le llevó directamente a hazañas extraordinarias: Mourenx, Marsella, Tre Cime di Lavaredo, México. Podríamos añadir Mendrisio, Lieja, Roubaix, San Remo... La lista es demasiado larga.

Viste de amarillo durante la decimoctava etapa y parece que el caso está cerrado, aunque no del todo, porque también quiere el maillot verde de la clasificación por puntos que sigue sobre los hombros de Guimard en la decimoséptima etapa. No es ningún secreto que los dos hombres no se gustan, y es aún peor desde que Guimard mostró abiertamente su apoyo a Ocaña el año anterior entre Orcières y Marsella. Al bruselense no le gustan los conspiradores. Le quedan tres etapas para borrar los cerca de cuarenta puntos que le separan del maillot verde, y solo necesitará una. Guimard, que hizo un muy buen Tour (ganador de cuatro etapas, maillot amarillo durante siete días, triunfador en montaña, donde batió a Merckx en el esprint del Mont Revard), abandona entre Pontarlier y Auxerre, las rodillas hechas fosfatina. En el podio, el cuatro veces vencedor de la Grande Boucle, está rodeado por dos viejas glorias: Felice Gimondi, de treinta años y ganador en 1965, que terminó segundo; y Raymond Poulidor, de treinta y seis años, tercero, que sube al podio por sexta vez (tendría ocho al final de su carrera).

Pero una sorpresa aguarda al campeón belga tras su vuelta de honor en La Cipale. Félix Lévitan, director del Tour, se le acerca y le señala a Guimard, vestido de paisano en la meta. Merckx lo cuenta así: «El señor Lévitan me preguntó si le daría mi maillot verde a Guimard. Me quedé un poco sorprendido, pero accedí. No hubo ninguna simpatía por mi parte, y me gustaría dejar claro que el gesto con el que se me ve en las fotos cuando entrego el maillot verde a Guimard iba en contra de mi voluntad. Todo

[23] *Dictionnaire amoureux de la Belgique,* Baronian.

aquello no fue más que una comedia. Con este maillot, que yo había ganado, él hizo todo el recorrido de los critériums posteriores al Tour[24]».

Algún tiempo antes, había tenido lugar en Arras, Pas-de-Calais, la final del Premier Pas Dunlop, precursor del Campeonato de Francia juvenil. Allí participa el flamante campeón de Bretaña. Se escapa del pelotón y recorre los sesenta kilómetros restantes hasta la meta, donde gana por un puñado de segundos. Al día siguiente, en *La Voix du Nord*, Jean-Marie Leblanc, periodista y futuro director del Tour de Francia, dedica un titular al ganador: Bernard Hinault.

---

[24] *Eddy Merckx: la biographie,* Johny Vansevenant

LA CIPALE, ÚLTIMA

«He tenido que luchar tanto por este maillot amarillo y hacer tantos sacrificios...»

Eddy Merckx, quíntuple ganador

A finales de la primavera de 1974, las preguntas se multiplicaban: ¿Está en declive? ¿Es el final? ¿Tiene algún problema de salud? Desde 1966, Eddy Merckx siempre ha ganado uno o varios Monumentos para iniciar sus temporadas: Milán-San Remo, Tour de Flandes, París-Roubaix, Lieja-Bastoña-Lieja, todas ellas, con el Giro de Lombardía como colofón. Este año no puede pasar del cuarto puesto en Flandes y en Roubaix, y ya hay indicios de que su reinado podría estar llegando a su fin. La razón aducida por el Caníbal es: «bronquitis» y luego «recaída». Suficiente para dejarle fuera de la Milán-San Remo y las clásicas de las Ardenas. A modo de explicación adicional, el propio corredor añadió para los pesimistas: «Ya llegará, no os preocupéis».

El resto de su programa dista mucho de ser el de un convaleciente. Por vez primera, Eddy Merckx encadena el Giro de Italia, la Vuelta a Suiza y el Tour de Francia, ganando las tres. En el Giro, Merckx se enfrenta a un gran corredor: José Manuel Fuente, conocido como «el Tarangu», el fogoso[25] en dialecto asturiano,

[25] No está acreditado que *Tarangu* signifique eso. Al parecer *Tarangu* es una «persona poco preocupada por sí misma». N. del T.

apodo transmitido de padres a hijos. Merckx siempre dijo de él que era «un escalador imprevisible, al que más temía por la violencia de sus arrancadas». En este Giro de Italia, el líder del equipo español Kas, desatado, maillot rosa durante once días, ganador de cinco etapas y de la clasificación de la montaña, comete la provocación de atarse un pañuelo a la manga derecha para indicar que está en pie de guerra y que no cederá. «Incluso a nosotros a veces nos costaba controlarle. Todo estaba en su cabeza y no confiaba en nada que no fueran sus piernas. Solo se fiaba de su instinto», dice Gonzalo Aja, compañero de equipo cántabro, amigo suyo y famoso escalador él también.

Cuando llegamos a su casa, Aja se preparaba para salir por las carreteras de su Cantabria natal. El ritual dura ya medio siglo. Cinco veces a la semana, se regala dos horas de libertad por las montañas y las pequeñas rutas salvajes de la costa. «Me lo pide la cabeza, lo necesita mi cuerpo, así soy feliz». Aquel famoso año 74, también él, Aja, desafió a Merckx en las rutas montañosas de Italia, Suiza y Francia. «El Tarangu tenía en la cabeza que iba a ganar este Giro tan montañoso, pero no solo ganarlo; quería ver a Merckx de rodillas. Voy a hacerle perder un cuarto de hora, esa era su obsesión. Nunca lo vi tan fuerte como en este Giro. Estaba por encima de Merckx y de todos los demás. Lo tenía muy cerca, y nosotros también. El día antes de la última gran etapa en los Dolomitas, nos llamó a su habitación para decirnos cómo iba a ocurrir todo. Él atacaría desde el principio y nosotros, en el pelotón, le protegeríamos saltando a rueda de Merckx. Ya habíamos hecho cuentas y repartido el dinero. Había suficiente para que cada uno de nosotros comprara un piso. Fuente atacó como había dicho, pero, a falta de veinte kilómetros para la meta, súbitamente quedó clavado sobre la ruta, sin fuerzas, y nuestros sueños desaparecieron. Tuvimos que empujarle para terminar la etapa. Cuando llegó, Merckx llevaba en la meta quince minutos».

Fue durante este Giro cuando Merckx se había enterado de la muerte de Jean Van Buggenhout, su *mánager* de toda la vida, la única persona que podía decirle «te digo lo que tienes que hacer, no lo que te gustaría hacer». Esta mala noticia le había afectado mucho, al igual que la muerte en 1970 de Vincenzo Giacotto, figura clave en la carrera del campeón belga, porque sin él nunca habría habido una campaña italiana, de Faema a Molteni, nueve temporadas a cada cual más emocionante que la anterior. De Van Buggenhout llegaría a decir: «No era un padre, ni un amigo con el que te confiesas cada vez que surge un problema. Jean era una especie de guía que se ocupaba de todo: contratos, finanzas, *equipiers*. Lo único que teníamos que hacer era pedalear. Una vez que murió, todo quedó en mis manos».

La Vuelta a Suiza será más cómoda, con victoria en la general y tres etapas. Al mismo tiempo, el corredor de Bruselas tuvo la confirmación de que el equipo Kas, incluso sin Fuente, era una formidable máquina competitiva. Miguel María Lasa, Vicente López Carril, José Antonio González Linares, Gonzalo Aja y Txomin Perurena eran lo que en la jerga llamamos «guerrilleros», buenos en cualquier terreno y siempre dispuestos a ir al frente. Lo demostraron en las carreteras del Tour 74: López Carril (tercero), Aja (quinto), Perurena (mejor escalador), Kas ganando también la clasificación por equipos. En Suiza se llegó a un acuerdo tácito entre Eddy Merckx, candidato a la general, y los españoles, aspirantes a las primas y las victorias de etapa, con los intereses de una parte favoreciendo los intereses económicos de los otros, y viceversa. Nadie ha olvidado la experiencia del Giro, «un desastre para la cartera», bromea Aja. Con la ayuda de las montañas suizas, los escaladores de Kas pudieron resarcirse, y así lo hicieron. «Nada es gratis», prosigue el corredor cántabro. «Nadie me regaló la contrarreloj en subida al principio de esta Vuelta, ni la etapa reina en Bellinzona. Recuerdo que el ganador recibía una tableta de chocolate de un kilo y un auténtico lingote de oro. Merckx quería comprárnoslo, pero no era posible. Para evitar las molestias de la aduana, lo depositamos en la caja fuerte de un banco francés. Valía medio millón de pesetas. Al año siguiente el oro se vino abajo y el lingote solo valía la mitad. Nos repartimos lo que quedaba».

Merckx parece haber recuperado la salud y el ánimo antes de dirigirse a Brest, ciudad de salida del Tour 74. El absceso en el perineo que le había molestado en Suiza fue sajado. Los médicos le aseguran que la cicatriz tiene buen aspecto. ¿Cómo no iba a sentirse tranquilo? Ocaña (fractura de codo), Zoetemelk (fractura de cráneo), Van Impe (fractura de muñeca) están ausentes, y Thévenet está muy debilitado por las secuelas del herpes zóster contraído en la Vuelta a España. Su rival número uno se llama Raymond Poulidor, treinta y ocho años, aún en la brecha. ¿Será su quinto éxito en cinco participaciones, tras el *impasse* de 1973, el más fácil o el menos complicado? Podría pensarse que sí, dado lo bien que marcó su territorio: veinte días de amarillo y ocho victorias de etapa. Es cierto que Raymond Poulidor le había distanciado en la montaña, en Pla-d'Adet, pero a cinco días de París, su ventaja sobre el francés era aún de seis minutos. El Tour se había convertido en su patio de recreo. Cinco maillots amarillos, tres verdes, treinta y dos victorias de etapa, un total que se elevaría a treinta y cuatro al año siguiente. Su récord de etapas se mantendría durante medio siglo, hasta que el británico Mark Cavendish, famoso velocista de los años 2000, ganador de la Milán-San Remo en 2009 y campeón del mundo en ruta en 2011, ganara su trigésimo quinta en 2024. Al esprint, por supuesto[26], como todas las demás, después de quince participaciones. Una segunda coronación a los treinta y nueve años. Miembro ya de la Orden del Imperio Británico, alcanzó el Grial el dos de octubre de 2024, cuando fue nombrado Caballero del Imperio Británico por el Príncipe Guillermo en el Castillo de Windsor. El hombre de la isla de Man, con ciento sesenta y cinco victorias, puede reclamar ahora el título de Sir, al igual que su compatriota Sir Bradley Wiggins, ganador del Tour de Francia en 2012.

Pero retrocedamos en el tiempo hasta aquel espléndido mes de julio de 1974. Cuando se le pregunta por su escandaloso dominio, ese sentimiento de pertenencia sobre el Tour, Merckx se muestra comedido y atempera el entusiasmo de Théo Matthy, su compatriota: «He tenido que luchar tanto, pelear tanto por este maillot amarillo y hacer tantos sacrificios...». La prensa interpreta esto

[26] *Of course,* en el original. N. del T.

como una forma de respeto hacia el adversario. La realidad es bien distinta. En el Tour de 1974, Merckx casi lo pierde todo. En varias ocasiones, en Suiza, se le vio sacar la famosa llave del bolsillo del maillot y ajustarse la tija. Todavía le dolían la pierna y la espalda, consecuencia lejana pero persistente de la caída de Blois en 1969. Sin darse cuenta compensó, adoptó una mala postura y tuvo que abrirse la herida que se había vuelto ulcerosa. Cualquier operación quirúrgica una semana antes de la salida del Tour de Francia, por pequeña que sea, nunca es trivial. Lo que ninguno de sus rivales sabrá nunca, a lo largo de las tres semanas que separan Bretaña de París pasando por Inglaterra, es que la cicatriz se ha reabierto. Y sangra lo suficiente como para que su culote se manche con ella al terminar las etapas. El difunto y fiel Jos Huysmans, compañero de equipo desde el primer minuto, es categórico: «Afortunadamente, el tiempo era bueno y seco. Si Eddy hubiera tenido que correr la mitad del Tour bajo la lluvia, creo que se le habría infectado la herida y...». Todas las noches, el maillot amarillo se verá obligado a tomar un baño de asiento, al que añade un antiinflamatorio para aliviar el dolor.

Otro episodio, un poco más oscuro, incluso completamente desconocido, también pasó a la historia de este Tour 74. Gonzalo Aja, segundo en la general desde la undécima etapa, es la sorpresa del pelotón. En los puertos de Salève, Ventoux y Galibier, dio espectáculo. Incluso está a la altura de las circunstancias en otros puertos para dejar que su gran amigo, el fallecido Perurena, pasase en cabeza. Al son de una conocida melodía, la caravana del Tour se preguntaba «¿Quién demonios es ese tío?, ¿qué hace?, ¿qué le pasa?[27]» Al final de los Alpes, Aja pisa los talones a Merckx. Dentro de cinco días, el pelotón se enfrentará a los Pirineos. El español lo tiene claro: «Allí se decidirá el Tour. Allí es donde voy a ganarlo». Y una mañana, al despertarse, alguien desliza una nota bajo la puerta de su habitación, grabada para siempre en su memoria: «Si sigues así vas a tener graves problemas. Vete a casa». «Durante unos días

[27] Canción interpretada por Pierre Vassiliu. N. del T.

tuve a dos gendarmes en el pasillo de mi hotel por la noche y llegamos a la gran etapa pirenaica que esperaba desde el principio. Cinco puertos: Cantó, Bonaigua, Portillón, Peyresourde y Pla d'Adet. Los tenía marcados en rojo en mi libro de ruta. Me he olvidado de las amenazas. Me siento sereno. Cuando te levantas por la mañana notas si tienes buenas piernas. Apenas habíamos recorrido cinco kilómetros desde la salida en Seu-de-Urgel cuando un corredor italiano se acercó y me golpeó fuertemente en el costado. Me golpeé contra la pared rocosa y me caí de culo. Las radiografías revelaron una fisura en el sacro y mi Tour se convirtió en una pesadilla. Si te vuelves a caer, me dijo el médico, te quedarás lisiado. ¿Qué haces? ¿Te quedas o te vas a casa? Pasé noches con tres o cuatro horas de sueño a causa del dolor, pero aun así acabé quinto en París».

Cuando Merckx aseguraba que había «sufrido mucho y las había pasado de todos los colores en la montaña», sabía de lo que hablaba. Y su gesto en las rampas de Saint-Lary-Soulan, donde tiró su bicicleta para coger otra, lo decía todo. Herido en lo más hondo, zarandeado en la montaña, el golpe de gracia no estaba lejos.

Hay un dicho popular que afirma que el Tour de Francia es para «gigantes de la carretera». Es tan cierto que para el gran público ya no hay Merckx, Anquetil, Thévenet, Ocaña, Zoetemelk o Poulidor, solo hay gigantes. Gonzalo Aja 5° a 11 minutos y 24 segundos en este Tour 74, es un gigante; como Fernando Plaza, 94° a 2 horas, 28 minutos y 19 segundos. Dámaso Torres, 62° a 1 hora, 40 minutos y 11 segundos; Jesús Manzaneque, 46° a 1 hora, 19 minutos y 54 segundos; Luis Zubero 42° a una hora, 19 minutos; José Pesarrodona, 29 ° a 53 minutos y 44 segundos; o Juan Zurano, 14° a 30 minutos y 20 segundos, son gigantes, como Vicente López Carril, tercero final, a 8 minutos y 19 segundos, subido en el pódium. O al igual que José Antonio González Linares, el primero en vencer a Eddy Merckx en una contrarreloj en el Tour, la séptima etapa, segundo sector, del año 70, por Forest, sobre siete kilómetros, con tres segundos de adelanto. Jean-Luc Molinéris, que corrió su primer Tour de Francia en 1974, ganó una etapa y luego se retiró, tras caer enfermo en la vigésima etapa, también es un gigante. Durante tres semanas, el joven corredor de Cannes estuvo boquiabierto. Cuando estaba empezando, su padre, Pierre Molinéris, natural de Caraglio, una *citta delle Piemonte*, amigo de Coppi y ganador de una etapa con el maillot del equipo Sud-Est en el Tour del 52, le envió a catar los adoquines y el pavés junto a ciclistas de la talla de Maertens, Demeyer, Godefroot, Pollentier y Dierickx en Flandria. No hay mejor manera de aprender a meter hombros y hacerse respetar. La sexta etapa de este Tour 74 llega a Bélgica, a Harelbeke, un auténtico bastión «flahute»[28]. Hacia el final, vio cómo el propio Merckx neutralizaba a todos los que intentaban unirse a Ludo Delcroix, uno de los suyos, y a Michel Pollentier, que había hecho la escapada. «Cuando Merckx lo decidió, nadie pudo salir del pelotón», dice Molinéris. «Estaba claro que quería favorecer a Delcroix, de su equipo. A falta de veinte kilómetros, decidí que era ahora o nunca y fui a por todas. En el preciso momento en que me levanté sobre los pedales, Merckx giró la cabeza, me vio, estaba a punto de saltar a mi rueda e inmediatamente volvió a sentarse. ¿Pensó que no me uniría a Delcroix y Pollentier? Más bien creo que le caí bien y me dio esta opción de salida. No puedo olvidar ese gesto. Años más tarde, correré en su equipo. Nunca le hice la pregunta, prefiero escribir el final de la historia yo mismo, es más bello».

Eddy Merckx acaba de unirse a Jacques Anquetil en el panteón de los pentacampeones del Tour. ¿En qué piensa durante su última vuelta de honor en La Cipale, donde el Tour nunca volverá? ¿En una sexta victoria? No es descartable. Esa manera de empezar una cosa y pensar ya en otra, como si de ello dependiera su futuro, es uno de los fundamentos del *merckxismo*. Sentir que el tiempo no se detiene, perseguirlo, incluso ir más allá... después de todo, hasta ahora le ha servido. ¿Por qué cambiar de método? ¿Por su fallida campaña en las clásicas de primavera? El 25 de agosto de 1974, en

[28] Término de argot para referirse a una persona de las tierras al norte de Francia, en este caso un flamenco.

Montreal, en el circuito de Mont Royal, se proclamó campeón del mundo por tercera vez, por delante de Raymond Poulidor, segundo como en el Tour. Todo estaba en orden para un sexto.

No muy lejos de allí, Bernard Hinault, de veinte años, se proclama campeón de Francia de persecución, sobre unas ruedas que le ha prestado Daniel Morelon, pluricampeón del mundo y olímpico de velocidad. En la Ruta de Francia, el bretón gana la gran etapa de montaña. En el podio, Louison Bobet lo felicita calurosamente. Para él, una nueva vida está a punto de comenzar.

PRA-LOUP

«Para ser un gran campeón hay que pasar el Izoard con el maillot amarillo a la espalda. Ya has hecho la mitad del trabajo»

Louison Bobet, tres veces ganador del Tour de Francia (1953, 1954, 1955)

Eddy Merckx no ganará un sexto Tour de Francia. La edición del 75, muy montañosa y con cinco llegadas en alto, zanjó la cuestión. En julio todo el mundo del ciclismo está entusiasmado con la idea. Luis Ocaña, Joop Zoetemelk, Bernard Thévenet, Lucien Van Impe y Eddy Merckx, por supuesto, hacen que este Tour fuera a la vez estimulante y conmovedor, fascinante y patético. El cinco veces ganador del Tour inicia su undécima temporada profesional, y no le puede importar menos su edad, treinta años, porque sigue recorriendo el planeta a la manera de los grandes exploradores de antaño. Ciento cincuenta días de carrera en 1974, otros tantos a finales de esta temporada. Se niega a ver girar la rueda del destino. La idea nunca se le pasa por la cabeza. En primavera realiza su mejor cosecha de clásicas: Milán-San Remo, Tour de Flandes, Lieja-Bastoña-Lieja, Amstel Gold Race, sin olvidar dos pódiums, París-Roubaix (2º) y Flecha Valona (3º). Esta energía inquebrantable, esta voluntad que no se detiene ante nada, le ha llevado al pie de su pirámide, a la que quiere añadir un sexto Tour de Francia, quizás un séptimo.

Lo cierto es que, tras esta buena campaña de clásicas, optó por disputar el Giro de Italia y saltarse el Tour, cuyo perfil complicado no le entusiasma mucho. Pero un dolor de garganta, una infección bronquial y la fiebre le obligan a abandonar la idea del Giro dos días antes de la salida en Milán. El Tour volvió a convertirse en una prioridad. El brabanzón irá a prepararlo al Tour de Romandía (14º), el Dauphiné (10º) y la Vuelta de Suiza (2º), donde se ve obligado a rendirse a la evidencia: en la gran etapa de montaña del Dauphiné, Thévenet le deja con once minutos de desventaja. Los veinte días restantes no bastan para hacer borrón y cuenta nueva.

En Charleroi, en la salida del Tour 75, un joven italiano, Francesco Moser, primera participación, aunque no tan novato (victoria en París-Tours y 2º en París-Roubaix en 1974), le gana en el prólogo y le arrebata el *maillot jaune* por dos segundos. Todo el mundo conoce el final. Veintiún días más tarde, Bernard Thévenet desfila de amarillo por los Campos Elíseos, por siempre el primero en tumbar al Caníbal. Para toda Francia, que lo esperaba desde 1967 y la victoria de Roger Pingeon, el bueno ha vencido al villano. Los franceses no podían aguantar más a este Merckx bulímico e insaciable que arramplaba con todo. Con los años incluso empezaron a odiarle, hasta que la naturaleza humana se les fue de las manos y algún idiota cometió lo irreparable en la subida al Puy-de-Dôme. «Me escupieron, me tiraron piedras, me insultaron, me abuchearon y luego me agredieron. Fue entonces cuando me di cuenta de que estaba en peligro y de que todo un país no quería que ganara[29]». Tras su derrota en París, el periodista Robert Janssens relató esta sorprendente confidencia: «Ahora que he perdido, me aplauden y me animan como si de repente tuviera todas las cualidades y fuera uno de los suyos».

Cuando llega un Tour de Francia como este, que se desarrolla en la misma frontera de la ficción, los rumores que se propagan son incontrolables y se imponen a la realidad. Por ejemplo, las alianzas selladas sobre la marcha por Maurice De Muer, el hombre

[29] *Eddy Merckx: la biographie,* Johny Vansevenant.

que metamorfoseó el equipo Peugeot, provocan, para el bando de Merckx —y no *habrían* provocado— la victoria de Thévenet. El violento puñetazo en el hígado que le propinó aquel espectador idiota en la subida al Puy-de-Dôme fue —no *habría* sido— la razón de su fracaso en la subida a Pra-Loup. En cuanto a la segunda afirmación, se puede argumentar que en el terrible Col d'Allos, solo unos kilómetros antes, el campeón belga machacó todo y no sintió nada. En cuanto a la primera afirmación, sobre las famosas «pequeñas ayudas entre amigos», son tan antiguas como el propio Tour. Aunque Moser admitió en *La Gazetta dello Sport* que había sido cómplice del equipo Peugeot en algunas ocasiones, fue para demostrarle a Merckx que no le apreciaba demasiado: «Voy donde mis intereses me dicen que vaya. Vinieron a hablar con el Filotex, no vi a nadie de Molteni».

La verdad sobre el terreno es más racional: las piernas de Thévenet giran más rápido que las de Merckx. El borgoñón lo demuestra en el Izoard, donde las circunstancias y las alianzas no tienen nada que ver. Su gran suerte es, sin duda, haber tenido a su lado a un director deportivo más astuto que un zorro, un líder nato, un estratega capaz de lavar el cerebro de cualquiera. En palabras del propio Thévenet: «sin Maurice De Muer, no sé si me habría atrevido a tomar todas estas iniciativas, sobre todo en el momento oportuno». El Tour no sería el Tour si no hubiera drama. Un jugador al que se le ha acabado la suerte siempre sacará una mala carta, dice el dicho, y, tras el puñetazo del Puy-de-Dôme, llegó Valloire. El pelotón aún no ha salido de la neutralizada y circula a diez kilómetros por hora cuando se produce la caída más inverosímil y estúpida, tirando al suelo a Eddy Merckx. Una maniobra de Ritter es la causa. El peaje es duro: doble fractura de la mandíbula superior izquierda, fisura en el seno paranasal. Aún quedan seis días de carrera, pero no es cuestión de rendirse: «Era mi manera de rendir un homenaje a la dedicación de mis compañeros, que habían trabajado como locos para que yo ganara. Por no hablar de que si hubiera abandonado el Tour, habrían perdido mucho dinero, porque yo seguía segundo, y habría sentido que les traicionaba».

Es en la subida a Pra-Loup, en los Alpes de la Alta Provenza, donde la clasificación del Tour del 75 cambia en perfecta simetría. En la tarde de la decimocuarta etapa, en Puy-de-Dôme, Eddy Merckx sigue con el maillot amarillo, cincuenta y ocho segundos por delante de Bernard Thévenet, segundo. Tras la llegada de la decimoquinta etapa, en Pra-Loup, la diferencia entre los dos hombres es también de de cincuenta y ocho segundos, pero se lee a la inversa: 1° Thévenet, maillot amarillo, 2° Merckx a cincuenta y ocho segundos. ¿Qué le queda al borgoñón de aquellos momentos mágicos camino de Pra-Loup, de aquel primer podio de amarillo, de la ascensión del Izoard al día siguiente? ¿Qué le queda cincuenta años después? Una mañana de febrero, en el Café de la Gare de Grenoble, antes de la hora punta del mediodía, Bernard Thévenet y yo estamos cara a cara, con la grabadora presta. No llevábamos ni cinco minutos hablando cuando él ya se había puesto su maillot Peugeot, blanco y ajedrezado, dorsal 51. Se nota que tiene prisa por empezar esta decimoquinta etapa. Debemos escalar cinco puertos, La Colmiane, Couillole, les Champs, Allos y Pra-Loup. Los recorre con los dedos, evocando la presión que le aprieta un poco la garganta. Callamos. Él cuenta. Al ganador del Tour 75 le brillan los ojos:

«Debo decir de entrada que, desde el Dauphiné, donde le había dominado, ya no veía a Merckx como un marciano, sino como un corredor normal que había bajado a la tierra. Según los planes de De Muer, debería haberme quedado a menos de dos minutos y treinta segundos de él al pie de los Pirineos. Objetivo cumplido: Merckx iba de amarillo y yo dos minutos por detrás. En Fleurance, el primer día de descanso, Merckx dijo a los periodistas: 'mi adversario más peligroso es Thévenet'. Y cuando el *Padre* Merckx te ponía una marca sobre la cabeza, era en serio. Se fijaba en todo de sus oponentes, los tubulares finos, los desarrollos, las ruedas ligeras, nada se le escapaba y el más mínimo error se pagaba en minutos. Hubo filtraciones en nuestro plan de batalla. Yo debía poner una mina ya en el Col d'Allos, pero nada salió según lo previsto. Un pinchazo en el descenso del Col de Couillole me retrasó. Raymond Delisle, mi compañero de equipo, me ayudó a recuperar el retraso, pero había perdido mucha fuerza en la persecución y no pude atacar en la subida al Col d'Allos. Merckx vio enseguida que no me había recuperado y fue él quien me atacó a ochocientos metros de la cima. He visto imágenes del descenso de Eddy en el Col d'Allos, aquella cosa fenomenal, irreal, pura locura. El coche de Bianchi había caído al fondo de un barranco, los motoristas le ordenaban que redujera la velocidad y él iba aún más rápido. Al mismo tiempo, yo sentía llegar una pájara, las piernas me flaqueaban, no tenía fuerzas, no podía seguir el ritmo. Me tomo un tiempo para comer. Las piernas siguen flojas. Al pie de Pra-Loup, debo de llevar un minuto y diez segundos de retraso, y estoy enfadado.

Alcancé a Van Impe y Zoetemelk y los dejé atrás. Mi energía había vuelto. Oía a los espectadores gritarme en el pasillo, cada vez más estrecho, y empecé a creer que podría alcanzarlos antes de la cima. De repente, al salir de una curva, vi el coche de Molteni delante de mí. Al principio pensé que era un señuelo para hacerme aminorar la marcha, pero no, Eddy estaba allí, aplastado sobre su bici. Veo un trozo de brea derretida en medio de una curva. Eddy tomó la curva por dentro y yo por el lado izquierdo, para sortear ese asfalto y, sobre todo, para que no pudiera cogerme rueda. No imaginaba que pudiera quedarse clavado así. Porque él jamás se clavó.

Seguí apretando. Sabía que Gimondi continuaba delante. Lo alcancé a un kilómetro de la meta. Uno de los más duros de mi vida, ese último kilómetro. Estábamos todos al límite, todos iguales al final. Fue cuestión de coraje. Después de la línea de meta, desplomado sobre mi bici, jadeando, no oí al locutor anunciar que yo llevaba el maillot amarillo. Fue Jean-Claude Vincent, nuestro mecánico, quien me lo dijo, e inmediatamente me hice la siguiente reflexión: mañana habrá que conservarlo. Nos encontramos en el podio, Eddy y yo, cada uno con un maillot amarillo, fue divertido. El podio era un caos indescriptible. La prensa allí subida, los gritos, los flashes crepitando, no sabíamos dónde colocarnos y casi me caigo del podio. Podéis imaginar los titulares: *El nuevo maillot amarillo se rompe la clavícula al caer del podio*. Eddy me felicitó, y estoy seguro de que era sincero al decirlo. Nos habíamos conocido con el tiempo, e incluso puedo decir que nos llevábamos bien y nos caíamos bien. Pero también sabía que con él nunca se acababa y que al día siguiente aún tendría que hacer un nuevo esfuerzo. La primera noche, como cuento en el epílogo, fui al baño en mitad de la madrugada, vi el maillot amarillo en el respaldo de una silla, iluminado por un rayo de luna, y pensé ¿por qué habrá puesto Eddy su maillot amarillo en mi habitación? Tardé un tiempo en darme cuenta, en dominar toda aquella presión. Una noche, un periodista de *France-Soir* irrumpió en mi habitación a las diez de la noche, y le recibí.

Al día siguiente la etapa era corta. El Tour podía ganarse o perderse en el Izoard. Nunca había visto tanta gente en la Casse Deserte. Un mar de gente con solo un estrecho paso en medio de la carretera. Si no hubiera tenido un Gendarme de la República en moto abriéndome el camino habría necesitado alas para pasar. Todavía me encuentro con gente que me dice: estuvimos allí, fue fantástico, mágico, gracias. Fue tan emocionante que casi voy más allá de mis límites. En la meta gané a Merckx por más de tres minutos. Al día siguiente, en la salida, Louison Bobet vino a darme la mano. Louison fue uno de mis primeros ídolos. Me inspiré mucho en él cuando leí y releí su libro *En selle*[30]. Y entonces, mirándome a los ojos, me dijo: Para ser un gran campeón, tienes que pasar el Izoard con el maillot amarillo a la espalda. Ya has hecho la mitad del trabajo.

Aquel Tour 75 cambió mi vida. La gente ya no me miraba como Nanard, mi apodo, sino como el ganador del Tour y el conquistador de Merckx. Recordando la primera semana, aprendí una valiosa lección. El ochenta por ciento de las pancartas eran para Poulidor y el veinte por ciento para todos los demás, lo que significaba que en la mente de los espectadores no existíamos. Cuando me hice con el maillot amarillo, todo se invirtió. Un día, durante

---

[30] *En selle,* libro escrito por Louison Bobet en colaboración con Raymond le Vert, y publicado en 1954. No hay, que sepamos, traducción al castellano. N. del T.

una etapa, Poulidor me dijo: '¡caramba, ahora todo gira en torno a ti!'. Después de aquella experiencia, siempre he pensado que la gloria no te pertenece. Pertenece a tus seguidores. Son ellos los que deciden si te consideran un gran campeón o no».

Bernard Thévenet se ha convertido en uno, y Bernard Hinault está a punto de hacerlo. El 1 de de enero de 1975, el joven bretón firmó su primer contrato profesional con el Gitane-Campagnolo, bajo la dirección de Jean Stablinski. Entre sus compañeros de equipo se encontraban Lucien Van Impe (el mejor escalador del Tour de Francia del 75 y el primer maillot a lunares de la historia, futuro vencedor del Tour del 76), Maurice Le Guilloux y Georges Talbourdet. Su primer encuentro con Eddy Merckx fue en la París-Niza. Luego vinieron la Milán-San Remo y el Dauphiné. «Y entonces qué», dijo, «Merckx tiene dos brazos y dos piernas como todo el mundo».

Había nacido el Tejón.

ALPE D'HUEZ, 19 DE JULIO DE 1977

«*Bernard Hinault va a convertirse en el mejor corredor del mundo*»

Eddy Merckx, hablando con Jean-Paul Brouchon (*Francia-Inter*), en San Cristóbal, Venezuela

El destino de este eterno campeón era volver a la ruta muy pronto, porque Merckx está convencido de que no le han vencido en su auténtico valor durante el Tour de Francia de 1975. Es una batalla perdida, no un Waterloo como algunos proclaman. Para Eddy Merckx, el objetivo es inamovible: plantar, en lo alto de la hipérbole, un sexto Tour.

El verano es verde y azul, es la temporada de los critériums, como es la temporada de las fresas. El pueblo se regodea en ello. Merece la pena decir unas palabras sobre ellos, porque estaban indisolublemente ligados a la cultura ciclista, antes de desaparecer uno tras otro. El critérium es un monumento social de su tiempo. En 1970, en Caen, la primera edición atrae a más de 100 000 espectadores. A mediados de los 70 hay un centenar en Francia y el doble en Bélgica, donde les llaman kermeses. Los contratos de los ciclistas siguen siendo modestos.

En Bélgica, Merckx está en la salida de una carrera por 70 000 francos belgas (al cambio, 1735 euros). Diez años más tarde, tras su victoria en el Tour del 86, el estadounidense Greg LeMond actuó en Holanda por 500 000 francos franceses (76 224 euros). Robert Mintkiewicz, compañero de equipo del maillot amarillo Lucien Van Impe en 1976, también fue un «invitado» de postín: «Acompañé a Lucien por toda Francia después de que ganara el Tour. Me pagaron un pequeño contrato, unos 2500 francos (400 euros), pero multiplicado por cuarenta y un critériums, es mucho dinero».

De Norte a Sur, de Oeste a Este, por las carreteras nacionales, sus potentes coches zigzaguean de un *fest-noz*[31] a otro, de un carnaval a una *ducasse*[32]. En estas carreteras que huelen a vacaciones, «que atraviesan Borgoña y Provenza / que hacen de París un pequeño barrio de Valence / y los suburbios de Saint-Paul-de-Vence», el Mercedes de Lucien Van Impe, conducido por *Bébert* Mintkiewicz, su capitán de ruta, recorre más de treinta mil kilómetros en treinta y cinco días el año de su coronación, en 1976, al son de las notas luminosas de la canción de Trenet: «El cielo veraniego / llena nuestros corazones con su luz / cantamos, festejamos / estamos felices en la Nacional 7...».

Por la tarde o por la noche, bajo los plátanos de la Promenade o los almendros del bulevar (marchemos por el Victor Hugo[33]) desfilan las *majorettes*, hay buena música de fondo y los corredores, en maillots de seda, bellos como ídolos en su traje de luz, son el punto culminante del espectáculo. Los carteles de colores muestran en negrita la gloria de un maillot amarillo, del mejor escalador del Tour, de un maillot verde. Thévenet. Merckx. Van Impe. Godefrot. Ocaña. Zoetemelk. Guimard... Y, casi más grande que las estrellas, el nombre del locutor, el maestro de ceremonias, que debe *llevar* a los espectadores al país de las maravillas, para *que se aferren a sus sueños*, como les canta Aznavour. Mario Cotti, Jean Tamain, Jean Gillet y Maurice Jouault fueron los primeros *ases del micro*.

---

[31] Fiesta tradicional bretona, con la ejecución de danzas típicas como elemento central. N. del T.

[32] Fiesta popular anual en pueblos y ciudades de Bélgica y el norte de Francia.

[33] Referencia al cuadro de Vincent van Gogh. N. del T.

Una mañana, en plena edad de oro, surge en el paisaje de los critériums un ovni con todos los talentos: saber hacer, humor, ternura. El joven Daniel Mangeas tiene veinticinco años. Viene de Saint-Martin-de-Landelles, en la Mancha[34], una iglesia y una carretera a su alrededor. Nadie le ha igualado desde entonces.

En general, el encantamiento, *como un gran estallido de sol / un viento de locura / la fiesta*, eso que dice Fugain[35], termina dos horas después. A la gente le da igual que los resultados de estos critériums-morcilla, en los que las vueltas pasan atadas como salchichas, se arreglen con un poco de antelación. Los mayores acudieron al espectáculo y lo recordarán hasta el invierno, los pequeños soñarán con él hasta el año que viene o durante el resto de sus vidas. Pero a veces nada sale según lo previsto.

El siete de agosto de 1970 es de noche en Saint-Cyprien, una estación balnearia cerca de Perpiñán. Eddy Merckx debe de ganar, pero ese día la vanidad de Luis Ocaña le ordena que debe correr a su aire. Ataca en la salida y los espectadores asisten a un frenético duelo entre el belga y el español, que doblan y redoblan al pelotón como si los demás no existieran. Otro destello brillante caído del cielo en un critérium en Bélgica. Ocaña intenta calmar los ánimos en la salida: «Eh, chicos, hoy nos lo tomamos con calma». A Merckx no le importa. Con Ocaña a su rueda, el dúo pronto relega a todos sus rivales a una, luego a dos, luego a tres vueltas por detrás.

Hay otras anécdotas que reviven una época pintoresca ya desaparecida. Tras su victoria en Bussières, Loira, en 1970, Eddy Merckx hace una parada en los suburbios de Valence. Al día siguiente, el propietario del hotel hace posavasos de esta noche histórica: «*Au Logis des Oliviers / Eddy Merckx / le grand champion cycliste / a dormir, chambre 12 / le 24 août 1970*[36]». En otra ocasión, en 1975, el penta-

[34] Se refiere, en este caso, al Departamento francés de La Mancha, en Normandía. N. del T.

[35] Referencia a la canción *La Fête*, obra de Le Big Bazar y Michel Fugain. N. del T.

[36] Eddy Merckx, el gran campeón ciclista, durmió en el Logis des Oliviers, en la habitación doce, el 24 de agosto de 1970». N. del T.

campeón del Tour gana en Callac el 29 de julio. La doble fractura de mandíbula que había sufrido en Valloire pocos días antes le obliga a comer un menú infantil: carne picada, puré de patatas y compota de manzana. Al día siguiente, debe actuar en Le Blanc, Indre, en una reunión nocturna en pista. Jean-Pierre Danguillaume, miembro de su círculo de amigos, que había corrido con él en Callac, le ofrece hospitalidad en Joué-lès-Tours. Al llegar de noche, Merckx preguntó a su anfitrión:

¿A qué hora nos levantamos?

Sobre las nueve o las diez... ¿por qué?

— No, nos levantamos a las ocho de la mañana y hacemos cincuenta kilómetros por tus rutas de entrenamiento.

Danguillaume guarda buenos recuerdos de este paseo, codo con codo, por la campiña jocondiana, desde las Grottes Pétrifiantes de Savonnière hasta los Jardins de Vilandry: «Más o menos a mitad de camino, nos detuvimos a mear. Había un manzano al lado de la carretera, así que cada uno cogió una manzana, se sentó en la hierba y se la comió en silencio bajo el sol, escuchando a los pájaros. Pero por la noche, en Le Blanc, no hubo regalos: 1° Merckx, 2° Danguillaume». A lo largo de su carrera, debió de ganar una treintena de critériums en Francia y diez veces más en Bélgica. Merckx iba a la salida de un critérium como Belmondo iba a los estudios. Una simple formalidad.

La tormenta de orgullo y confianza que se ha apoderado de Francia desde la coronación de Bernard Thévenet en 1975 va a producir algunos gruesos nubarrones un año después. El vencedor saliente, enfermo, abandona el Tour (decimonovena etapa), dejando el campo libre a Lucien Van Impe, que gana en París en su octava participación. Para Eddy Merckx, la erosión de las temporadas, duodécima en 1976, no puede negar la nobleza con la que supera los últimos obstáculos. Su séptima victoria en la Milán-San Remo es lo que mejor lo ilustra. Pero el agotado campeón belga sufre una serie de problemas de salud en 1976. Sinusitis, llagas en el perineo, lumbago, por no hablar de una grave lesión en el codo que le obliga a sujetar el manillar con una sola mano en los tramos adoquinados de la Flecha Brabanzona. Achaca sus malos resultados en el Tour de Flandes, París-Roubaix y Lieja-Bastoña-Lieja, donde nunca figura en cabeza, a su consumo de antibióticos. Durante el Giro de Italia, se le infecta el absceso del perineo. Una nueva operación. Se ve privado del Tour de Francia y tendría que esperar otro año antes de aspirar a la revancha y a una sexta victoria. De su lumbalgia, que le sobrevino al intentar recoger una pera del suelo, confiesa que «estuve seis semanas tumbado sobre una tabla, no podía ni ir al baño. Para desplazarme, tenía que arrastrarme sobre las manos». Su balance deportivo al final de la temporada es el más exiguo de su historia: quince victorias en ciento once días de carrera.

Pero lo peor está por llegar. La situación financiera de su patrocinador italiano se deteriora brutalmente. Desde 1974, Ambrogio Molteni hijo había ido enviando cada vez más señales de alarma, pagando tarde o no pagando a sus corredores. Merckx compensa a sus compañeros de equipo con su dinero personal. En 1976 tiene que pagar sus propios gastos hospitalarios. Finalmente, el rey del salami fue multado con 1000 millones de liras (520 000 euros) por fraude, mercado negro y estafa, y Merckx nunca recuperó sus salarios atrasados, que ascendían a 52 millones de liras (27 000 euros). Tras nueve temporadas en Italia con Faema, Faemino y Molteni, Eddy Merckx regresa a Francia en 1977 con el Fiat France, a las órdenes de Raphaël Géminiani y Bob Lelangue, su antiguo compañero de equipo y confidente. Dos corredores franceses forman parte de la aventura: Robert Bouloux y Jean-Luc Molinéris, los otros doce eran belgas u holandeses. «Mientras Géminiani se ocupaba de los periodistas y Lelangue de la logística, Merckx tomaba las decisiones. Era el verdadero jefe, y las pesadas responsabilidades que recaen sobre sus hombros no influyen en el clima dentro del grupo». Hay un verdadero orgullo en las palabras de Molinéris, quien recuerda que, al principio de su carrera, durante una Setmana Catalana, «Merckx hacía correr a sus chicos tan rápido que me daban ganas de colgar la bici. Pensé que había caído en un mundo que nunca debería haber pisado. Cómo iba a imaginar que cinco años más tarde llevaría el mismo maillot que aquellas *motos*, los Sercu, Bruyère, Huysmans, Swerts y De Schoenmaecker. Eddy ya no era el ciclista exuberante de los grandes años-Merckx, pero seguía siendo imponente. Recuerdo su estatura, las instrucciones que daba con una simple mirada y la forma en que guardaba secretos que afectaban a todo el equipo. Nadie sabría durante el Tour del 77 que había estado luchando contra una mononucleosis. El grial era, para mí, ser elegido por Sercu para ser su lanzador en las llegadas. Patrick sabía que no me gustaba meter hombros y me decía: 'pedalea fuerte hasta los quinientos metros, luego me las arreglaré'. Ganó tres etapas en el Tour 77 y yo me sentí orgulloso de haber aportado mi granito de arena».

El compromiso de Robert Bouloux casi nunca se materializó. Palabra de breton: «Venía de hacer tercero en Tours-Versailles del 76 y acababa de pedirle a Géminiani que hiciera un pequeño esfuerzo con el obsceno salario que me pagaba. Al día siguiente, Gém anunció en *L'Équipe* que me había despedido, sin ni siquiera hablarlo conmigo. El titular rezaba *Las exigencias de Bouloux*. También me acusaron de hacer perder a Poulidor la Tours-Versailles. Al día siguiente estaba en el paro. No me acobardé, empujé la puerta del despacho del señor Lévitan y le conté la verdadera historia del final de Tours-Versailles, de la que él no sabía nada. Tres fugados, De Witte, Poulidor y yo. Ofrecí mis servicios a Raymond, que los rechazó. Todo el mundo sabía lo tacaño que era Poulidor a la hora de conseguir una ayuda. De Witte, en cambio, no hizo aspavientos, me dijo que fuera con él, y le llevé hasta el esprint, que ganó fácilmente.

— Entonces, ¿dónde quieres correr la próxima temporada?,– pregunta Lévitan.

— Con Merckx.

— Yo me ocuparé de eso. No habrá ningún problema. Vuelve a casa en paz.

— Me han reincorporado, pero mantengo mi salario mínimo».

No afloran recuerdos particulares de aquella temporada con Merckx, aparte de un detalle de Géminiani. Bouloux de nuevo: «En el Tour 77, Géminiani se hizo un lío. No sé si me guardaba rencor, pero en una etapa en la que me escapé con Zoetemelk, Van Impe y Ocaña, fundamentalmente, sin dar ni un solo relevo, vino a fastidiarme porque mi puesto estaba detrás de Merckx y no exhibiéndome en cabeza. Por timidez, esa tarde no fui a disculparme con Eddy. Me sentía destrozado solo de pensar en su palmarés. A veces me venían a la mente imágenes del gran Merckx. Yo estuve en esa Lieja-Bastoña-Lieja en la que ataca cien metros después de la salida, en la primera subida. ¡Monstruoso! Todo el pelotón en fila india y él solo delante, con cuatrocientos metros de distancia. En la cima de la cota había un poco de viento lateral, se giró mirando atrás, los primeros lo alcanzaron y de inmediato, por el viento de costado, ¡abanico! Solo necesitó cinco kilómetros para pillar a contrapié y desgastar a los otros favoritos. Lo repetiré con toda sinceridad: durante este Tour 77 me he matado a trabajar. En la contrarreloj por equipos que ganamos iba a rueda de Bruyère y, cuando tomaba el relevo, puedo asegurar que detrás se estiraba la goma. El Patrón debía de estar contento conmigo para pedirme que le siguiera hasta Wilkinson, pero el proyecto se frustró y colgué la bicicleta a los treinta y un años».

Es en Avoriaz, al final de una cronoescalada, cuando Bernard Thévenet se hace con el maillot amarillo. Dietrich Thurau, la revelación y líder durante los primeros quince días, aguanta dos etapas más antes de desplomarse en la subida a L'Alpe d'Huez. Al igual que Eddy Merckx, segundo en la clasificación general hasta la decimoquinta etapa y que, enfermo, soporta un calvario para llegar a la cima del Alpe, a 13 minutos y 51 segundos del ganador, Hennie Kuiper. No es este nuevo mazazo en su corazón lo que le impidiera llegar a París y dar al periodista Robert Janssens la primicia de una información insensata: «Volveré el año que viene y será para ganar».

Mientras tanto, es un mero testigo del duelo Thévenet-Kuiper, separados por una diferencia de ocho segundos antes de la contrarreloj de Dijon. Sería exagerado afirmar que Merckx favoreció la segunda victoria del francés, pero en dos gestos demuestra la estima que tiene por el corredor borgoñón. Dejaremos que él mismo cuente la historia:

«En Dijon, como había salido un buen cuarto de hora antes que yo, en lugar de volver a su hotel, Eddy se apostó en el recorrido, tres kilómetros antes de la llegada, con un cronómetro en la mano. Cuando pasé, me gritó: '¡veintidós segundos por delante de Kuiper!'. Eso me dio fuerzas para terminar. Eddy no tenía por qué hacerlo, debía de tener el corazón en un puño, pero me esperó. Un auténtico acto de clase». El segundo impulso llegó en los Campos Elíseos, antes del inicio de la contrarreloj de seis kilómetros de la penúltima etapa. Thévenet prosigue: «En Peugeot, nuestras bicicletas estaban equipadas por un fabricante francés de accesorios, la sociedad Maillard, especialista en ruedas libres, bujes y pedales. Para esta última contrarreloj, tenía un piñón trasero de trece dientes. Pero había oído que Campagnolo había sacado uno de doce dientes. Se lo pregunté a mi amigo Eddy y me lo confirmó: 'Es verdad, en el equipo llevamos utilizándolo tres semanas. Si quieres, puedo prestarte una rueda con doce dientes'. Hice mi contrarreloj con un 56 x 12 y, para que conste, gané a Eddy por tres segundos».

Merckx acaba de perder su segundo Tour de Francia. Mermado por la mononucleosis, no puede pasar del sexto puesto y su destino se convierte de repente en una parábola, la del campeón derrotado que, impulsado por una fuerza interior, se convierte en antihéroe. En 1977, Adamo, su famoso compatriota, cantaba *C'est ma vie / C'est pas l'enfer / C'est pas le paradis / C'est moi qui l'ai choisi*[37], letra que bien podría haber sintonizado con la vida del campeón caído, mientras que, en Estados Unidos, Bob Dylan maullaba en su armónica que *The Times They Are a-Changing*. Sí, los tiempos cambian y la eterna naturaleza de las generaciones significa que una ola arrollará a otra. *La Nueva Ola*[38] del ciclismo se llama Bernard Hinault, Francesco Moser, Freddy Maertens, Jan Raas, Marc Demeyer, Eric Vanderaerden, Sean Kelly o Adrie Van Der Poel, y ya destaca. No puede explicarlo del todo, pero el Caníbal siente cierta simpatía por el hombre al que todos llaman

---

[37] «Es mi vida, no es ni el infierno ni el paraíso, es lo que yo he escogido». N. del T.

38 Referencia al movimiento cinematográfico de *La Nouvelle Vague*. N. del T.

el Tejón. Eddy asiste en primera fila a los éxitos del bretón en la Gante-Wevelgem y en la Lieja-Bastoña-Lieja en 1977. Se entrega, sobre todo, para ayudarle a ganar el Dauphiné ese mismo año. Mejor aún, al final de los campeonatos del mundo de ruta en San Cristóbal (Venezuela), hablando con Jean-Paul Brouchon, reportero de *France Inter*, afirma: «Bernard Hinault va a convertirse en el mejor corredor del mundo».

A finales de 1977, por primera vez, Eddy Merckx ya no parecía joven.

ITALIA. AMOR Y TRAICIÓN

«Eddy me tenía más miedo a mí que a Gimondi. No sabía cuándo iba a atacar. Ni siquiera yo lo sabía. Siempre estaba inventando algo, un poco como Leonardo da Vinci»

Gianni Motta, ganador del Giro del 66

En 1968, Eddy Merckx decide continuar su carrera en Italia. Su nuevo patrocinador, Faema, líder en el mercado de las máquinas de café, quiere aumentar sus exportaciones a Bélgica. Su fundador, Carlo Valente, que ya había estado en el pelotón con Rik Van Looy a finales de los años cincuenta, quiere otro nombre de prestigio para suceder al Emperador de Herentals. Vincenzo Giacotto, un *mánager* de elegancia italiana, experimentado, astuto, sugiere al joven Merckx, de veintidós años, con dos victorias en la Milán-San Remo y un maillot arcoíris en su currículum. «Tiene todas las cualidades y talentos», le dice al rey del percolador. ¿Suficiente para suceder a Van Looy? El entrenador piamontés, vibrante admirador del campeón de Bruselas, sabe que está dotado para el esprint, pero no mucho más. En la bicicleta, Giacotto goza de una buena reputación. La llegada al pelotón, a finales de los años 50, de Carpano, un fabricante de vermú, lleva su firma. Fausto Coppi, que nunca había bebido una gota de vino, y Ferdi Kubler aceptaron terminar allí sus carreras. Gastone Nencini (Tour de Francia 1960), Nino Defilippis (doble campeón de Italia en 1960 y 1962), Franco Balmamion (Giro 1962 y 1963) e Italo Zilioli (dos veces subcampeón del Giro 1964 y 1965) desfilarían más tarde con el maillot a rayas blancas y negras, al estilo de la Juventus.

Antes de la Flecha Valona de 1967, ha organizado un test en Cervinia, Valle de Aosta. Merckx tiene que subir este puerto, de dos mil metros de altitud, quince kilómetros de longitud y una pendiente del doce por ciento[39], bajo la supervisión de Nino Defilippis, una de las antiguas glorias del Piamonte, que se ofrece a seguir al bruselense en coche. En la cima, su veredicto es definitivo. En el libro *Mes Champions*, del periodista italiano Beppe Conti, relata: «Me llevé a Giacotto aparte y le dije: hazle firmar un contrato ahora mismo, en un papel si hace falta, de por vida si te lo pide, y dale todo el dinero que quiera, sin preguntas. Puede ganarlo todo». El *mánager* italiano nunca se ha equivocado en sus elecciones profesionales. Apenas tendrá tiempo de apreciar todas las cualidades, talentos y audacias de su campeón. Su adicción al tabaco se lo llevará en 1970, a los cuarenta y siete años. A finales del verano de 1967, en vísperas del Campeonato del Mundo de Heerlen, que gana al esprint por delante de Jan Janssen y Ramon Sáez, Merckx firma un contrato de tres años con Faema. El salario anual era de 1,2 millones de francos (183 000 euros), el triple de lo que ganaba en Peugeot, donde ya no había sintonía con el director deportivo Gaston Plaud.

El campeón belga es feliz en Italia, al frente de un equipo que finalmente ha elegido. Julio Cesar dijo antes de lanzarse a la conquista del mundo: «Golpearé el suelo de Italia, y de él saldrán legiones». Fascinante, incluso para un conquistador en bicicleta. Merckx casi olvidaría que está en el país de Maquiavelo. Entre 1968, el año de su debut, y 1976, el último, el nombre de Eddy Merckx adquiere un poder y un aura que remiten a épocas ilustres. «Merckx como Coppi» fue la portada de la *Gazzetta dello Sport* tras su victoria en las Tre Cime di Lavaredo, Giro 68. «Cambió la historia del ciclismo», declara el diario italiano. Sus hazañas se medían

[39] Pendiente máxima del doce, media un poco superior al cinco por ciento. N. del T.

a menudo con las del Campionissimo, el santo de los santos, la referencia suprema en la Península. Al final de su carrera, con el maillot del Fiat France en la temporada de 1977, durante una concentración de pretemporada, Merckx, cuyo palmarés superaba con creces el de Coppi, se molestó por esta reedición de recuerdos fantasmales, estas ideas fijas que *los más fervorosos abrazan como abraza Ulises su mástil*. Charlando con Raphaël Géminiani, se pregunta: «Todo el mundo habla de Coppi, pero ¿qué tiene él que no tenga yo?». Gém, contemporáneo del Campionissimo, no se muerde la lengua al responder: «Para empezar, ha ganado dos carreras que tú nunca ganarás, dos Campeonatos del Mundo de Persecución. En 1947 venció a Bevilacqua, otro italiano, y en 1949 dominó al luxemburgués Gillen. Y finalmente, se adelantó veinte años al resto del pelotón. Revolucionó la dietética, inventó el entrenamiento a intervalos y, para conseguir una mejor aerodinámica, fue el primer ciclista en llevar un maillot sin bolsillos delanteros llenos de comida. Y también fue el primero en llevar un maillot de seda en la pista».

No aplacemos más mis ganas de remontarme hasta los orígenes. Había ido a respirar el aire de Flandes, a conocer a la gente que hizo de Bélgica un *El Dorado* del ciclismo en los años setenta, y era obligatorio también peregrinar a la tierra de Alfredo Binda, Fausto Coppi y Gino Bartali. Fue en estas carreteras donde Merckx mostró las mil y una facetas de su inmenso talento y dejó un legado de cinco Giros, siete Milán-San Remo y dos Giros de Lombardía.

Rozzano, en las afueras de Milán, martes seis de febrero. La luz del atardecer es rosada. Entre los suaves olores a café expreso y bollería de un bar-gelatería normalito de via Buozzi, Marino Vigna, campeón olímpico de persecución por equipos en Roma 1960, se emociona mientras rememora. Pasó sin transiciones del final de su carrera, a los veintinueve años, al puesto de director deportivo de Faema en 1968, y era más bisoño que muchos de sus corredores. De sus primeros días en contacto con el joven campeón del mundo no ha olvidado nada, ni un solo detalle. «Todo sucedió en Reggio Calabria, al principio de la temporada, durante una concentración. Una mañana, Vittorio Adorni, designado jefe de filas para las carreras italianas, sin duda un poco confuso por el temperamento y la confianza de Merckx, se me acerca discretamente y me dice: debemos ver quién es el patrón, entonces las cosas estarán más claras para todos. Y Vitto trazó la ruta del entrenamiento del día siguiente, que obviamente era muy dura, para poner a Merckx en una situación difícil. Era astuto y había metido a otros dos corredores en la mezcla, Casalini y Armani, creo. Estábamos en plena carrera, nadie tenía tiempo para hablar y al final, en la subida de Santa Elia, que tiene quince kilómetros y es muy empinada, hubo pelea. Íbamos por mitad de la subida cuando Adorni se dejó caer hasta mi coche: 'es mejor que digas que se acabó por hoy, si no Merckx nos dejará a todos'». Y en un tono casi solemne, Vigna detalla cada palabra: «No había arrogancia en los gestos ni en las palabras de Merckx, solo una gran confianza y convicción. Respetaba a todo el mundo, era educado y afable, pero sobre la bici era irreconocible, aplicaba la ley del más fuerte. A los veintidós eso demuestra una madurez excepcional. Adorni tenía treinta años, ya había ganado un Giro y tenía ambiciones legítimas, pero ya no estaba a la altura».

Para su primera carrera de la temporada del 68, Merckx disputa el Trofeo Laigueglia en Liguria, en la provincia de Savona. La flor y nata del pelotón profesional está en la salida. La carrera, muy animada, se topa de repente con un obstáculo inesperado. Un paso a nivel cerrado y un tren de mercancías parado en medio de la vía. Vigna explica: «Los corredores saltaron la barrera, treparon por encima de los vagones para llegar al otro lado y se escaparon. Aún quedaban unos veinte kilómetros y nada estaba decidido. Merckx, con su maillot de Campeón del Mundo, quiso hacer lo mismo, pero el jefe de estación, con la ayuda de unos *tifosi*, lo agarró por la cintura. Mario Milesi, nuestro mecánico, tuvo que deslizarse bajo el tren con su bici mientras Merckx se zafaba y la recogía al otro lado. Pero ya era demasiado tarde. Dancelli se había adelantado demasiado. No sé si alguna otra vez he visto a Eddy tan enfadado».

Giacotto tiene buen ojo, y si reclutó a Adorni fue también para darle un papel de asesor durante y después de la carrera.

Una de sus tareas prioritarias es cambiar los hábitos alimenticios de su joven compañero de equipo. Vigna explica: «En Bélgica la alimentación era muy diferente a la nuestra. En la mañana de una etapa había hígado de pollo y raviolis en el menú. En Italia, durante los tres primeros días de una carrera por etapas, se sigue la dieta de un enfermo: arroz blanco, filete o jamón cocido. No sobrecargues el hígado. No hagas que tu cuerpo gaste energía extra con la digestión. Deja la mesa con hambre, esa es la regla. Cuando llegó a nosotros, Eddy pesaba setenta y seis kilos, pero tres meses después había bajado a setenta y dos kilos». Adorni demostró ser un buen dietista confiscando galletas, chocolate, pan de especias y latas de fruta en almíbar escondidas en el fondo de las maletas. Vigna se ríe a carcajadas cuando recuerda que «Guido Reybrouck y algunos otros se reunían en una habitación para comer a escondidas pan mojado en vino dulce. Al final, todos estuvieron de acuerdo con nuestra disciplina alimentaria».

El Giro del 68 se jugó en la ascensión a las Tre Cime di Lavaredo, símbolo de los Dolomitas. Al otro lado, Austria. El escenario, tres menhires gigantes plantados a 2400 metros donde George Lucas rodará escenas de su *Star Wars*[40]. También hay un aire de ciencia ficción en esta duodécima etapa Gorizia-Lavaredo, disputada en condiciones meteorológicas atroces que superan la medida humana. Lluvia, granizo, nieve... los doce kilómetros de ascensión aún están frescos en la memoria de todos. Martin Van Den Bossche, el mejor compañero de Merckx en la alta montaña: «Hacía tanto frío que la cadena de la bicicleta se congelaba. El mecánico tuvo que echarle espray para que siguiera girando. Algunos corredores se meaban en las manos para calentarse los dedos. Los últimos en llegar rodaron sobre una alfombra de nieve de veinte centímetros». Jean-Claude Theillière, antiguo campeón de Francia, asistió a «esta locura brutal. El peor recuerdo de mi vida. Doscientos kilómetros bajo la lluvia y la nieve, terminando solo con una chaqueta de

[40] En realidad fue el spin off titulado *Han Solo: una historia de Star Wars,* de 2018, dirigido por Ron Howard.

chándal para protegerme, todo mojado a los diez minutos. ¿Qué podía hacer con mis cincuenta y siete kilos empapados? Los frenos no respondían. Me caí dos o tres veces en las bajadas. El ciclismo no es cosa de niñitas, pero entonces yo vi a hombres llorando». Marino Vigna al volante del coche de Faema: «La imagen que se me queda grabada es la del lago Misurina, el último falso llano antes de afrontar la verdadera subida. La carretera estaba inundada. Todavía puedo ver a Merckx, justo en medio de la carretera, abriendo el agua como si estuviera en una lancha motora. Luego, en la tormenta de nieve, fue eliminando uno a uno a los escapados. Su hermana, al borde de la carretera, le dio un bidón de té caliente, que vertió sobre sus zapatos para calentarse los pies. Allá arriba el refugio de Auronzo, campamento base de montañeros, se había convertido en un hospital de campaña. Dedos de las manos paralizados, dedos de los pies congelados, hipotermia. Gimondi estaba aturdido y lloraba. Sabía que había perdido todas sus posibilidades. Esa fue la historia del primero de los cinco Giros de Merckx».

Pero en toda historia hay un lado oculto. Lo reveló un libro escrito por Beppe Conti, ahora periodista de la RAI[41], en homenaje a Enrico Peracino, que primero fue médico del equipo Carpano y luego del Faema. Giacotto, el *mánager*, y el doctor Peracino son amigos y cómplices desde hace mucho tiempo. Por simple curiosidad, y porque su admiración por Merckx no tiene límites, Giacotto le pide a Peracino que le hiciera un electrocardiograma, «para ver cómo funciona el corazón de un fenómeno», se justifica Giacotto. El Giro del 68 empieza en Campione, en la provincia de Como, y la tercera etapa termina en Alba. Como habían decidido, Giacotto, Peracino y un cardiólogo de su entorno, el profesor Giancarlo Lavezzaro, sugieren a Merckx que se someta a un chequeo rutinario. El resultado fue contundente y, según Lavezzaro «era asombroso». Dirigiéndose a los otros dos, les dijo: «A este hombre le puede dar un infarto en cualquier momento». Cunde

[41] Beppe Conti presenta y conduce un programa semanal en Rai Sport, titulado «Radiocorsa», dedicado al ciclismo de ayer y de hoy.

el pánico. Ni una palabra a Merckx. El trío no descarta un error de manipulación, y deciden hacer otro electrocardiograma al día siguiente, antes de la salida de la etapa. Para disipar cualquier duda, Adorni también se somete a uno. El resultado es idéntico al del día anterior. Ni Giacotto ni Peracino tienen el valor de comunicar la noticia a Merckx y el Giro continúa. Mientras tanto, el profesor Lavezzaro vuelve a estar de guardia en el hospital de Molinette, a las afueras de Turín. Alumno de un famoso cardiólogo, el profesor Bruscha, le muestra a este el electrocardiograma sin revelar la identidad del paciente. La respuesta de Bruscha: «¿Quién sufrió el infarto?». Otras pruebas más profundas revelaron que Merckx padece una miocardiopatía hipertrofiada. Esto no le impedirá ganar en las Tre Cime di Lavaredo y conservar la *maglia* rosa hasta la llegada final.

El recuerdo de Gianni Motta también es precioso. En Cassano d'Adda, en la gran metrópoli de Milán, donde vive cómodamente, Motta es más que un nombre y mucho más que el ganador del Giro del 66. El octogenario forma parte del paisaje, y sus palabras, junto con su exuberante carácter dan, profundidad incluso a las anécdotas más nimias. Personaje alegre y seductor, tiene el mérito de no eludir nunca una pregunta. Con él la nostalgia trae un soplo de aire fresco al mundo del ayer. Él también estuvo en Lavaredo, «en la piel de un superviviente. Recuerdo que vi a Gimondi tumbado en una cama, llorando, y le dije no será llorando como un niño como ganarás a Merckx». Motta y el pentacampeón del Giro se batirían en todos los terrenos durante diez años. Con el mayor aplomo, afirma: «Eddy me tenía más miedo a mí que a Gimondi. No sabía cuándo iba a atacar. Ni siquiera yo lo sabía. Siempre estaba inventando algo, un poco como Leonardo da Vinci. Cuesta abajo era superior a todos los demás, pero nunca me soltó. Por encima de todas sus cualidades, merece un gran reconocimiento: era un motivador extraordinario y un ejemplo para nuestra generación. Cuántas veces me he despertado por la mañana diciéndome a mí mismo: si quieres ganar, tienes que vencer al más fuerte. El más fuerte era Merckx, así que para ganarle utilicé la astucia. Pero a menudo me faltaba un poco de acierto o un poco de fuerza.

El poeta lo dijo mejor: a veces falta el vino, a veces la copa. Lo intenté todo, incluso comprar la carrera. En los Tres Valles Varesinos, en 1970, solo quedábamos nosotros dos y le dije:

Eddy, este es mi país, déjame ganar.

No.

Pero si tú ya has ganado treinta y cinco veces, y yo acabo de volver del hospital, sería bueno para mi moral. 500 000 liras (260 euros) y lo hacemos.

No.

¡Un millón, Eddy!

No.

¡2 millones!

Subí a tres millones y medio (1900 euros) y ni se inmutó. Tanto mejor, le gané en un esprint normal y me ahorré el dinero. Ese era su carácter, no se vendía. Incorruptible... yo no iría tan lejos, porque todo el mundo sabe que regaló una Coppa Agostoni a Gimondi, pero la primera condición que puso a su trabajo fue no estar al servicio de nadie».

Sus manos se agitan, siente una necesidad imperiosa de hablar, suelta una sonora carcajada y piensa unos segundos antes de decir lo que le separaba de Merckx: «Él era un personaje de carácter y yo un personaje de destino. Era extremadamente meticuloso, perfeccionista y riguroso. Yo creía en mi estrella. Eddy acudía al Giro con once bicicletas, cuadros con diferentes ángulos, horquillas largas, horquillas cortas y una docena de pares de zapatillas. Me reí a carcajadas con la anécdota de Adorni al comienzo del Giro del 68, cuando Eddy llegó con tres maletas y Vittorio le preguntó irónicamente: ¿A dónde te vas de vacaciones? Era una época dominada por la competencia. La competencia entre marcas era despiadada y, en Italia, se intercambiaban grandes sumas de dinero por debajo de la mesa para ganar. Había dos grandes y conocidos compradores en este campo, Colnago y Salvarani. El delito ha prescrito, así que creo que se puede contar. ¿Sabe cómo llamábamos al equipo de los cuatro hermanos Salvarani?

— No.

— El equipo del maletín».

Un año después, en el Giro del 69, estallará el mayor escándalo de la historia del ciclismo italiano, el asunto Savona y la descalificación de Eddy Merckx, tras el resultado de su positivo del día anterior... después de haber rechazado dos días antes un maletín lleno de dinero para perder el Giro.

SAVONA

En 2004, Ercole Baldini me dijo: «Tengo todos los detalles de la prueba de Savona. Quién la hizo. Por cuánto. Si Eddy quiere saberlo, que me llame». Llamé a Eddy. Al final de la línea se hizo el silencio, luego dijo: «Ya me he vengado mucho. Las cosas están bien así».

Marino Vigna, director deportivo de Eddy Merckx

Eddy Merckx fue objeto de tres controles positivos durante su carrera. Dos veces en Italia: en 1969, durante el Giro, con la fencanfamina, un estimulante de la familia del Reactivan, historia oscura que supera en imaginación el arte de la *combinazione*[42] y la conspiración; en 1973, en el Giro de Lombardía, con la norefedrina, recetada por error por su médico para frenar la aparición de una bronquitis; y una tercera vez en Bélgica, en 1977, en la Flecha Valona, con Stimul, una anfetamina entonces en boga, utilizada por una gran mayoría del pelotón. Descalificado del Giro en Savona, fue absuelto basándose en el beneficio de la duda y en los errores flagrantes del procedimiento. Su buena fe también fue aceptada en Lombardía, donde, sin embargo, fue relegado del primer puesto en favor de Gimondi. En cambio, sus argumentos no fueron aceptados para la Flecha Valona, y perdió su tercer puesto.

[42] En italiano en el original. N. del T.

De las tres, es Savona la que sigue alimentando, cincuenta años desde entonces, todas las especulaciones, incluso las más escabrosas. ¿Qué ocurrió exactamente al final de la séptima etapa, que salió de Parma a las once de la mañana bajo el sol? Es difícil hacer un relato auténtico de este asunto, ya que muchas de las personas que participaron en aquel Giro han desaparecido. Pero podemos decir que es el más improbable, el más inimaginable y el más sobrecogedor de todos los casos de dopaje. Una intriga novelesca. Desde la misa matinal celebrada en el Duomo de Parma en honor del Giro, donde Merckx, con la *maglia* rosa, se acercó en bicicleta con sus compañeros de equipo, hasta el control antidopaje seis horas más tarde en la caravana móvil tras la llegada a Savona, la duda rezuma por todas partes.

Merckx se ha sometido a ocho controles desde el inicio de este Giro en Brescia, ya sea por las victorias de etapa o por su *maglia* rosa. Montecatini (3ª etapa), Terme (4ª), Terracina (7ª), Potenza (9ª), Campitello Matese (10ª), Scanno (11ª) y San Marino (14ª y 15ª), todos negativos. ¿Por qué cometer un error tan grande en la decimosexta jornada, en una etapa llana sin dificultad alguna y sin peligro para su *maglia* rosa? En el cuartel de Faema lo tienen claro. «Merckx ha caído en una trampa». Marino Vigna, el director de la escuadra, sigue convencido. Las preguntas se suceden. En primer lugar, la fiabilidad de la caravana móvil donde se realizan las pruebas antidopaje. Para Vincenzo Giacotto, responsable de Faema, las condiciones de seguridad eran «aproximadas y precarias». No se ha respetado un punto crucial del reglamento, y así se lo hizo saber desde el principio a Vincenzo Torriani, organizador del Giro: «Un laboratorio móvil debe pasar primero un periodo de tres meses en el mismo lugar, sin hacer ningún desplazamiento, antes de recibir la homologación. Primera infracción». Por no hablar del hecho de que «los botes utilizados para contener la orina ya están desprecintados cuando llega el ciclista y no se desprecintan en presencia del corredor», otro punto absolutamente contrario al protocolo. Y luego está toda esa gente merodeando que no tiene nada que hacer allí. Pero los primeros quince días transcurren sin incidentes. En suma, Giacotto pensó que quizás se había preocupado en vano.

Savona, domingo uno de junio. En cuanto Roberto Ballini, del GBC, gana el esprint, Eddy Merckx se lanza hacia el punto de control, con prisa por volver al hotel. El médico le ha, los detalles son importantes, «entregado una probeta destapada, como los otros días». Hablamos con Martin Van Den Bossche, su compañero de cuarto, sobre el contexto. «Eddy ya había ganado cuatro etapas, así que el ambiente era muy relajado. El día anterior había recibido la visita de su mujer, Claudine. Estaba muy animado. Camino de Milán, el horizonte estaba despejado, iba a ganar su segundo Giro. ¿Qué podía impedirlo, sino una caída?». En el Hotel Albisola, en el corazón del casco antiguo de Savona, no había nada que reseñar. La noche está en calma, mañana estarán en Pavía, tras una etapa llana. Un día menos. Milán nunca ha estado tan cerca.

Savona, lunes dos de junio por la mañana. Los mismos gestos, las mismas costumbres antes de la salida de una etapa. Después del desayuno, Merckx y Van Den Bossche suben a su habitación. Fuera ya hace calor. En el cuarto, tumbados en la cama, su último momento de relax, «con un ojo en el reloj, a Eddy nunca le pillaban desprevenido. Solo tenía que ponerse la *maglia* rosa». Martin también recuerda que «en dos ocasiones nos molestaron. Toc, toc, y, sin esperar, la puerta se abrió. Una mujer quería un autógrafo, y, un momento después, otra igual. Le dije a Eddy: a la próxima le tiro con la almohada a la cara. Volvieron a llamar y no era una fan, sino Giacotto, quien recibió mi almohada en la cabeza. Nadie tuvo tiempo de reírse. Aún puedo escuchar decirle, volviéndose hacia Eddy: 'No puedes salir. Has dado positivo'. Un relámpago. Las palabras que se atropellan. '¿Qué quieres decir?, es imposible, yo no he hecho nada'». El grito ahogado de rabia. Las lágrimas. En el pasillo, los periodistas que se han enterado de la noticia ya esperan una reacción. Entre sollozos, Merckx repite como un autómata: «Es un sabotaje. Yo no he tomado nada, lo juro». Eran las diez de la mañana y la *bomba de Savona* acababa de cobrarse una víctima. Merckx da positivo por fencanfamina, un miembro de la familia de las anfetaminas. Está fuera de carrera y Felice Gimondi es la nueva *maglia* rosa.

Torriani, el patrón del Giro, fue avisado durante la noche. A las cuatro de la mañana, se pone en contacto con el presidente del jurado de comisarios y exige una segunda opinión inmediatamente. Negación categórica. En esencia, el presidente del jurado responde: «Si Merckx sigue, nosotros nos vamos del Giro». También se rumorea que alguien ya había informado a los hermanos Salvarani durante la noche, mientras que Giacotto tuvo que esperar hasta las nueve de la mañana del lunes. «Tiene que haber, forzosamente, alguien detrás de todo esto», suspira Marino Vigna. Las especulaciones se acumulan. ¿Un rato perdido durante la misa dominical en Parma? ¿La mano del diablo pudo haber cambiado su bidón en la bici apoyada sobre los muros de la iglesia? «Imposible», zanja Vigna. «Me lo llevé por precaución». Resurgen hechos inquietantes de antes de aquella etapa Parma-Savona. Marino Vigna, amigo de Merckx además de su director deportivo, estaba al tanto de un movimiento muy extraño, que inevitablemente se convirtió en sospechoso. Esta es su versión: «Dos días antes de Savona, un corredor extranjero de un equipo italiano entró en la habitación de Merckx y le dijo: 'Te daremos una maleta con una gran cantidad de dinero dentro si dejas que Gimondi gane este Giro».

Interrumpí: ¿Quién era ese corredor?

— Ya no está entre nosotros.

— Cincuenta años después, ¿podría revelarnos su identidad?

— Era Altig. Rudi era el capitán de ruta de los Salvarani. Este tipo de prácticas formaban parte de las costumbres.

— ¿Qué dijo Merckx?

— (Vigna se ríe) Algo así como «no quiero saber cuánto hay en la maleta para no arrepentirme nunca, diles que lo haremos como es debido». Altig no insistió. Por extraño que parezca, no despertó ninguna sospecha en nosotros.

Años después, Merckx hizo otra inquietante confesión a Joël Godaert, periodista de *La Dernière Heure*: «Si supieras cuánto me ofreció Gimondi en Mendrisio en 1971 por el maillot de campeón del mundo...».

Volvamos un momento a Savona. Se podría decir que aquello es una bola de nieve engordando. El asunto de Savona iba a llegar a los círculos políticos belgas e incluso más arriba, ya que el rey Balduino se ocupa discretamente del asunto. El ministro belga de Asuntos Exteriores exigió «aclaraciones inmediatas» a su homólogo italiano. El ministro flamenco de Cultura acusa sin rodeos a la «mafia italiana de haber tendido una trampa». El gobierno belga amenaza incluso con romper relaciones diplomáticas. Mientras tanto, Eddy Merckx es suspendido durante un mes, del uno de junio al uno de julio. Los cálculos se hacen rápidamente: el Tour de Francia, que empezaba el veintiocho de junio, comenzará sin él. A partir de entonces comienza una batalla de expertos y abogados. Faema exige, como es su derecho, conocer el espectrograma de la orina de su corredor. Las federaciones italiana y belga pasan el problema a otros, y la decisión corresponde a la Federación Internacional de Ciclismo, que zanja el asunto. Nadie verá los resultados, y los errores de procedimiento siguen acumulándose: el segundo frasco no se destapó delante del corredor. Las dos muestras de orina desaparecieron. A continuación, se vaciaron los dos tubos de orina. Marino Vigna, que conoce muy bien el fondo y la forma de este caso, prosigue: «Antes de abandonar el hotel, veinte horas después del control oficial, Giacotto, nuestro *mánager*, reunió a los corredores, *soigneurs*, mecánicos y responsables del equipo para realizar un control antidopaje, bajo la autoridad de un agente judicial y en presencia del Señor Prisco, abogado del Inter de Milán. Tres periodistas estaban presentes: Gianpaolo Ormezzano, del diario italiano *Tutto Sport*, Michel Seassau, de *L'Équipe*, y René Jacobs, de *Les Sports*. Esa misma tarde se entregaron las muestras al Instituto Forense de Milán. No se encontró ningún rastro de anfetamina, que se supone que permanece en la orina durante cuarenta y ocho horas. Merckx no pudo ser sancionado y el presidente de la federación italiana, Adriano Rodoni, acabó levantando la suspensión en beneficio de la duda».

Este rocambolesco *affaire*, digno de un misterio sin resolver, resurgió en 2004 durante el Giro, que hacía escala en Bormio. Vigna prosigue: «Recibí una llamada de Ercole Baldini diciendo: Tengo todos los detalles sobre la prueba de Savona. Quién lo hizo.

Por cuánto. Si Eddy quiere saberlo, puede llamarme. Llamé a Eddy. Al final de la línea se hizo el silencio y luego dijo: 'Ya me he vengado mucho. Las cosas están bien así'».

ORDUÑA, 14 DE MAYO DE 1973

«Cuando hago el amor, me obligo a pensar en Merckx para soltarme»

Luis Ocaña, ganador del Tour de Francia del 73

Las amenazas, los insultos y los escupitajos pudieron con Merckx. Demasiado odio. Su creciente impopularidad en el Hexágono, tras cuatro victorias consecutivas en el Tour de Francia, unida a una bonificación, muy suculenta para la época, de un millón de pesetas (6000 euros), ofrecida por el organizador de la Vuelta, incitan al corredor de Brabante, en 1973, a desplazar el centro de gravedad de su temporada a España e Italia. Pero los organizadores del Tour de Francia aún tenían esperanzas. ¿Y si participaba en las tres Grandes?

Por primera vez, se alinea en la salida de la Vuelta a España, que los críticos de todos los bandos denuncian como una Vuelta *afeitada*, recortada del mismo modo que se dice de las corridas amañadas cuando los toros «van a la peluquería» para que les limen los cuernos antes de entrar en el ruedo. La principal queja de Ocaña es la falta de terreno montañoso, con la excepción del puerto de Orduña, en territorio vasco, que tenía fama de empinado y accidentado pero que, comparado con las etapas de los Pirineos, los Alpes o los Dolomitas, parecía dificultad liliputiense. Por otra parte, las bonificaciones se reparten a puñados en cada final de etapa y en muchos esprints intermedios, las metas volantes. Luis Ocaña está indignado: «El recorrido de esta Vuelta es un escándalo. Nada de montaña y bonificaciones hasta en la puerta del hotel para que Merckx gane fumando en pipa».

A finales de marzo se suceden dos acontecimientos. El treinta de ese mes es una fecha histórica para el campeón español. Por primera vez en su carrera, vence a Merckx en una contrarreloj. El episodio tiene lugar durante la Setmana Catalana, entre Valvidrera y Molins de Rey, sobre trece kilómetros, y veintiocho segundos les separan en la meta. Ocaña declara: «Esto es solo el principio de lo que le espera a Merckx en el Tour de Francia». En este inicio de temporada, Luis vuela. Allá donde va, causa sensación: Setmana Catalana, Vuelta al País Vasco, Dauphiné. Nada se le resiste. Lleno de confianza. Como sabe que el próximo Tour de Francia tendría adoquines en el menú, se alinea en la París-Roubaix, otra primicia, ganada por Merckx en el frío, la lluvia y el barro. Ocaña llega media hora más tarde, en vigesimonovena posición, pero está exultante: «No soy un corredor de cristal como dicen algunos». Más concretamente, pensando en el sol de julio: «Esta vez me las va a pagar, ese Caníbal cabrón». Como Luis sabe, el pueblo adora su garbo, su gusto por el combate, su manera de poner música a las palabras, esas imágenes que solo él sabe inventar. Por ejemplo: «Cuando hago el amor, me obligo pensar en Merckx para soltarme», una confesión extraída de *Les perdants magnifiques*, el magnífico libro de Xavier García. Estamos en el límite del patetismo *freudianosexociclista*, pero qué importa, la ley de Merckx le saca de sus casillas. En las palabras de Luis podemos descifrar un gusto por la venganza, una furia por vivir, una vena rebelde. Casi lo convierte en un asunto puramente español, como el honor, los celos, la pobreza o la guerra civil, de la que huyó su padre, llamado Luis como él.

Ocaña viene de perder dos veces consecutivas el Tour de Francia. En 1971 se estrelló en el Col de Menté, donde, en una curva del descenso, una estela recuerda aquel trágico lunes doce de julio, que Antoine Blondin ha inmortalizado en una encendida crónica: «En este Tour, Ocaña no podrá ser el mejor, pero fue el sol». Mismo abandono en 1972, a causa de una neumonía. Así que, jura, no habrá una tercera vez. Incluso rebate enérgicamente los argumentos de su patrón, Christian Darras, jefe de marketing de la empresa Bic, quien explica que «aquella caída en el Col de Menté fue lo mejor que le pudo pasar a nuestra empresa desde el punto de vista publicitario. Así Luis se convirtió en el héroe de una tragedia griega, admirable y admirado por el gran público, a años luz del ogro Merckx». Unas declaraciones recogidas por el periodista español Carlos Arribas. El hidalgo es orgulloso. En España es bien sabido que un hombre duro da siempre la cara, porque «los españoles, todo lo saben resolver por cojones, y tú eres uno de ellos, Luis[43]». Sin embargo, él sabe muy bien que esta máxima popular, florida y totalmente machista, aunque se pusiera sobre la mesa, no sería suficiente para resolver la ecuación Merckx.

Se produce el segundo acontecimiento al final de la Setmana Catalana, en la que Merckx pierde contra él, derrota que no tenía nada de extraordinaria comparada con una campaña de clásicas devorada con el respirar de un ogro: Lieja-Bastoña-Lieja por cuarta vez, París-Roubaix y Gante-Wevelgem por tercera vez, Het Volk por segunda vez y la Amstel Gold Race por primera vez. Pero la noticia que Merckx anuncia en Cataluña es un auténtico mazazo que deja atónito a Luis. Su eterno rival, su enemigo jurado, el mismo que le tenderá la mano años más tarde para sacarlo de apuros con su fallida producción de Armagnac, permitiéndole colocar miles de botellas no vendidas que tenía en sus bodegas, anuncia oficialmente que, debido al clima de odio en su contra, dará la espalda al Tour de Francia. Ocaña piensa al principio que se trataba de un farol, pero pronto tiene que rendirse a la evidencia. Tras la Vuelta y el Giro, que empieza cuatro días después, Merckx no participará en una tercera grande consecutiva. Aprovechará el parón de julio para preparar el final de la temporada. A modo de provocación, al final de la Vuelta, aventura incluso su terna para el próximo Tour: 1° Fuente; 2° Zoetemelk; 3° Poulidor. Ocaña rabia.

---

[43] En castellano en el original. N. del T..

En esta Vuelta, del veintiséis de abril al trece de mayo de 1973, entre Calpe y San Sebastián, y en ausencia de José Manuel Fuente, ganador saliente, que prefirió ir a desafiar a Merckx en los Dolomitas, todo transcurre según lo previsto. Al cabo de una semana, solo con el sistema de bonificaciones, su desventaja se acerca ya a los dos minutos. «Es muy sencillo, Merckx esprintaría aunque viera un cartel publicitario», le gustaba decir al todoterreno vasco Txomin Perurena, que acabó ganando el Gran Premio de la Montaña del Tour del 74 por delante de su compatriota José Luis Abilleira. Pero Peru, al que todos echamos de menos, sabía ahorrar sus trucos y siempre guardaba *lo mejor* para el final: «De camino a Bilbao, como cada día, el belga perseguía bonificaciones en las metas volantes. El pelotón rodaba a un ritmo tranquilo y, de repente, Merckx demarró ante la incomprensión general. Tomó una ventaja de veinte metros y pasó primero bajo una pancarta tendida entre dos postes, que en realidad era una protesta del Partido Comunista, entonces clandestino, denunciando las condiciones de trabajo en una fábrica cercana».

Ocaña retorció el libro de ruta de la Vuelta en todas direcciones, esperando hallar una ventana de oportunidad. La encuentra en la decimosexta etapa, entre Torrelavega y Miranda de Ebro, de 203 kilómetros. Se burla de que llegue tan tarde. Merckx domina con autoridad y no puede ser batido. Al día siguiente es la llegada definitiva a San Sebastián. En su libro de ruta, Luis ha destacado el puerto de Orduña: altitud de novecientos metros, longitud de ocho kilómetros, pendiente media del ocho por ciento, hasta el catorce por ciento en los puntos más encrespados. Es aquí, en su terreno, donde va a lanzar un desafío de hombre a hombre al líder de esta Vuelta. Una cuestión de honor. Dispuesto a reinventar una página de la mitología: Héctor-Ocaña contra Aquiles-Merckx, o quizás David-Ocaña contra Goliat-Merckx. En su instinto siempre hay una pequeña chispa, la que le recuerda Orcières, Tour de Francia de 1971. Sabe que esta chispa puede desencadenar fuegos artificiales, o incluso una llamarada. Es sobre las pendientes de Orduña donde hizo su último esfuerzo desesperado.

Toda Bizkaia se ha reunido junto a la carretera para pedalear con Ocaña. El fervor vasco era incandescente mientras suben los vericuetos del puerto. Bajo un sol todavía invernal que endurece el lomo verde de la Sierra Salvada, Luis ataca. «Quiere que Merckx se acuerde», como dice la conocida melodía bretona. En la cima, el campeón español está solo. *Por encima de los hombres*. Ha vencido a *El otro*, como a veces le llama. ¿Qué le queda mientras desciende por la ladera opuesta, donde Merckx, mucho mejor bajador, no tardará en unirse a él? «Una alegría en mis piernas», diría. Y el honor. La enorme sombra del Quijote se perfilaba en la distancia.

En esta Vuelta, Merckx lo gana casi todo: la clasificación general, seis victorias de etapa, la clasificación por puntos y la clasificación de la regularidad. Lo único que falta en su palmarés es el Gran Premio de la Montaña, conquistado por José Luis Abilleira, un escalador tenaz que entrena todo el año en los puertos de la Sierra de Guadarrama, cerca de Madrid. Recuerdos alegres del montañero castellano: «Merckx lo convirtió en un asunto personal. Allí donde había que coger puntos, ponía sus motos en marcha, con él a rueda, y subía los puertos al esprint con la esperanza de dejarme tirado. No me dio la mano hasta el último día en el podio. Este maillot de la montaña es el mayor honor de mi carrera y de mi vida. Al año siguiente, durante el Tour de Francia, me preguntó si quería correr en su equipo, pero yo aún tenía un año de contrato con La Casera de Federico Bahamontes, que no me dejó marchar».

Luis Ocaña desbarata el pronóstico del Caníbal aplastando el Tour del 73, *a lo Merckx*: seis etapas y el segundo en la general, Bernard Thévenet, a quince minutos y cincuenta y un segundos. Pero toda victoria tiene su lado amargo. Sin Merckx, su maillot amarillo parece más pálido. No es el que estaba enmarcado en su despacho, donde guardaba, como una reliquia, otra túnica amarilla, la auténtica, la que era una segunda piel, manchada de sangre y barro tras su caída en el descenso de Menté. En realidad, Luis, que se quitó la vida en 1994, nunca pudo asimilar la ausencia de Eddy aquel año. A la larga, se convirtió en una obsesión. Una idea fija, una cita perdida con la historia.

SAN REMO

«¿Conoce usted muchas loterías en las que el número ganador salga siete de cada diez veces?»

Eddy Merckx

Podríamos bautizar el ciclón que azotó la Milán-San Remo entre 1966 y 1976 como «Eddy». Eddy I, Eddy II, Eddy III... hasta Eddy VII. Eddy Merckx tiene veinte años cuando La Primavera le corona por primera vez en la Via Roma, temporada 1966. Es su primera participación en una clásica internacional, y la primera vez que recorre más de doscientos cincuenta kilómetros en una carrera. Lleva el maillot blanco a cuadros de las bicis Peugeot y aún es solo un joven corredor que ha logrado lo que parecía inalcanzable. No fue una simple tirada de dados. Al final de la misma temporada, obtiene otros dos resultados prestigiosos: segundo en el Giro de Lombardía, donde una maniobra de Vittorio Adorni le impide ganar, y primero en el Trofeo Baracchi, con Ferdinand Bracke. En aquel tiempo, Merckx es el corredor con más victorias, veinte en noventa y nueve días de carrera. Walter Godefroot, campeón belga, tiene dieciséis; Willy Planckaert, ganador del maillot verde en el Tour de Francia, y Ward Sels, vencedor del Tour de Flandes, tienen trece; mientras que Rik Van Looy, en declive, suma doce.

«Eddy II», todavía con el maillot de Peugeot, vuelve a hacerlo en 1967. Por mucho que la competencia escrutara, vigilara y espiara sus movimientos se mantiene delante en la cima del Turchino, la primera dificultad que une el valle del Po con la zambullida en el golfo de Génova. Cuando Gianni Motta lanza un fuerte ataque en el Capo Berta, al borde del mar, cincuenta kilómetros hasta San Remo, Merckx es el primero en perseguirle. El pelotón se hace añicos. Motta, dos años mayor que él, tiene más experiencia y también es más pillo. Había ganado el último Giro y, en este final rueda sobre sus carreteras de entrenamiento. Cincuenta y siete años después, sentados en su sofá, riendo y haciendo confidencias, recuerda los detalles de aquel preciso momento: «Mi instinto me avisó de que había alguien detrás de mí, pero no iba a parar. Miré por debajo del codo y calculé que el maillot blanco estaba a unos trescientos metros. Sin reconocerlo, sé que es Merckx. Acelero, si quiere alcanzarme tendrá que darlo todo. La persecución duró cinco kilómetros, y así fue como nos encontramos codo con codo por primera vez, y no la última. No sé nada de él, aparte de que ganó una vez en San Remo. Debíamos de tener confianza los dos, porque trabajamos enseguida sin hablar. Nos entendimos muy bien hasta el pie del Poggio. Eso fue todo, vi que era muy fuerte. Al menos diez veces intentó librarse de mí. Diez veces conseguí capturarlo. Y, como era habitual en aquellos años, negocié. Íbamos a fondo en el descenso y, no sé cómo, conseguimos hablar. Le dije quiero ganar y estoy seguro de que me dijo *sí*. No recuerdo qué le prometí a cambio, pero llegamos a un acuerdo tácito. De repente, en Via Aurelia, sin duda alertados por el ruido de los coches, nos dimos la vuelta y a cincuenta metros estaban Bitossi y Gimondi. En la fuente, donde empieza la Via Roma, éramos cuatro a falta de trescientos metros. Lancé el esprint hacia la derecha y Bitossi me cierra. Pequeño toque al freno. Suficiente para perder una bicicleta, exactamente la diferencia que me separa de Merckx en meta. Nunca volvimos a hablar de ello».

A lo largo de este libro, la pregunta se ha planteado cientos de veces: ¿cómo pudo una empresa de la talla de Peugeot, próspera y en auge en los años 70, dejar marchar a un ciclista de la calidad de Eddy Merckx? ¿Por qué no hicieron lo suficiente para prolongar su contrato y darle los compañeros belgas que quería? La respuesta nunca cambia. Christian Raymond, el creador del mote de Caníbal, lo explica con un sentido del humor que suena a Audiard: «Gaston (Plaud), nuestro director de equipo, no separaba su cerebro de su estómago. Prefería la terrina de foie gras con gelatina de oporto a la táctica de carrera. Al volante, durante la etapa, estaba en representación. Su trabajo como director deportivo pasó a un segundo plano frente al protocolo de la noche. Además de la Milán-San Remo de 1967, Merckx incluyó también la Gante-Wevelgem, la Flecha Valona y el maillot arco iris. Pero ya era demasiado tarde, el divorcio era definitivo y todo el mundo sabía que Eddy se marchaba a Italia».

La primera clásica de la temporada, el primero de los cinco Monumentos del calendario, es también el más largo, con trescientos kilómetros. Una distancia que el siete veces ganador aprende rápidamente a dominar: «Siempre he llegado a la salida de la Milán-San Remo preparado al cien por cien. La Vuelta a Cerdeña, donde alargaba las etapas, y la París-Niza no habrían sido suficientes. Empezaba mi preparación en invierno con los Seis Días. En 1966, había competido en Gante y Bruselas y había añadido dos americanas, en Rocourt y Roubaix. Para aprender a trazar, la habilidad y los reflejos no hay nada mejor que la pista», explicó al periodista Robert Janssen. Y añadió: «Ese muro de trescientos kilómetros es la clave. Si la carrera se corriera sobre doscientos cincuenta kilómetros habría veinte velocistas más en la meta. Pero son trescientos kilómetros y no somos muchos los que podemos superar ese muro. En un esprint de potencia tengo todas las posibilidades».

Nadie, salvo él, tenía ese sexto sentido para golpear fuerte en el momento justo, en el lugar adecuado. La mayoría de las veces esto ocurría en el Poggio, un balcón sobre la costa, a ciento sesenta metros sobre el nivel del mar. La carretera asciende suavemente (3,7 por ciento de pendiente media) entre limoneros, pequeños huertos, olivares, invernaderos abandonados, la iglesia de Bussana y, por último, la cabina telefónica de Tim, convertida en lugar de culto pero, tristemente, víctima de la modernidad, que será demolida por un grupo de Nerones de oficina en julio de 2023. Última parada antes del descenso, había alimentado muchos sueños de ganadores potenciales. Así como la subida de tres kilómetros y setecientos metros tiene un aire bucólico, la cara opuesta, con sus veintitrés curvas, a menudo en horquilla, es salvaje y traicionera. Merckx marcó la diferencia a veces, por un lado, a veces por el otro, pero destacó sobre todo por su estilo explosivo, a la manera de «La Bomba» Tomba, en este eslalon un poco particular de tres kilómetros. En 1969, descuelga incluso a la moto de la RAI. «Pensé que se iba a matar», exclamó Giacotto, su director, en la meta. En 1972 Motta, a pesar de ser muy talentoso en el descenso, pasó a doce segundos en la cima, pero nunca llega a conectar. En 1976 es un novato de veinte años quien le alcanza justo en la cabina telefónica. Jean-Luc Vandenbroucke, bajador virtuoso, cree haber hecho lo más difícil, pero se sumerge por el otro lado en una especie de sumidero que lo lava y pule: «En las curvas mis pedales raspaban el asfalto y sacaban chispas, nunca he vuelto a experimentar nada igual. Pero no me dejó». Muy contento de haber llegado tan lejos a rueda de Eddy VII, «no me atreví a competir en el esprint. Volví a levantarme a doscientos metros, pero ni siquiera salí en la foto». Vandenbroucke sabrá más tarde de su descenso de categoría tras un control positivo: «Querían sabotear mi carrera», dice con amargura. «Lo mismo le ocurrió a Eddy en Savona, en el Giro del 69. Puedo jurar por la vida de mis hijos que no tomé nada».

Al periodista belga Joël Godaert, que le planteó la idea de una carrera de lotería sin mayores dificultades, el siete veces ganador respondió: «¿Usted conoce muchas loterías en las que el número ganador salga siete de cada diez veces?». Si bien estos éxitos aportaron alegría, orgullo y felicidad al monarca de la San Remo, la edición de 1971 quedará marcada para siempre por las lágrimas, la emoción y la tristeza. La tristeza de perder a un amigo. Merckx está en pleno proceso de ganar la París-Niza cuando le llega la noticia, en su habitación de Saint-Rémy-de-Provence, de que Jean-Pierre Monséré ha muerto el lunes quince de marzo, atropellado por un coche, que circulaba en sentido contrario, durante la kermés de Retie. Cuatro días más tarde, el viernes de San José, Merckx está en la salida de la Milán-San Remo. El funeral de Monséré está previsto para el día siguiente en Roeselare. Eddy promete asistir y depositar el ramo del ganador a los pies del ataúd. Las condiciones de la carrera bajo la lluvia helada, el viento y el frío son terribles. Roger y Erik De Vlaeminck, compañeros de Monséré en el equipo Flandria, están devastados y no pasan de la mitad de la carrera. Merckx aguanta y gana. El sábado por la mañana, está en Roeselare con el ramo de la Milán-San Remo, para presentar sus últimos respetos a su amigo, fallecido a los veintidós años, en el apogeo de su gloria.

El Po ha arrastrado mucha agua, los tiempos han cambiado y los campeones del siglo XXI se miden ahora en vatios, pero la Milán-San Remo sigue ejerciendo el mismo hechizo sobre las generaciones que han venido y se han ido. A principios del siglo pasado, el belga Cyrille Van Hauwaert pedaleó desde Moorslede, su casa en Flandes Occidental, hasta Italia como parte de su entrenamiento, y ganó la edición de 1908. Mathieu Van Der Poel, ganador en 2023, comparte datos de su Milán-San Remo 2021 (quinto) en Strava, una aplicación para móviles. En los 3,7 kilómetros de ascenso al Poggio, el neerlandés registró 497 vatios durante 5 minutos y 42 segundos. Tadej Pogačar y Wout Van Aert también revelaron los suyos. De nuevo según Strava, desde 2023 son los nuevos poseedores ex aequo del récord de la subida, con 5 minutos y 36 segundos, ¡a una velocidad media de treinta y nueve kilómetros por hora! La colina del Poggio, que apareció en la final de 1960 como un montículo insignificante, es, según Alexandre Roos, periodista de *L'Équipe*, «un cementerio de sueños, el final de las esperanzas. Todo el mundo conoce cada centímetro, sabe dónde atacar, a kilómetro y medio de la cima, después del ligero llano del santuario de la Madonna della Guardia, donde se dice que la Virgen María se apareció a Giovanni Peri, un granjero local, en el siglo XVII, pero el Poggio nunca ha sido fácil de embaucar[44]».

---

[44] *Les Monuments du cyclisme,* colectivo.

Año tras año, este pequeño y gentil monstruo sigue hipnotizando, y numerosos documentales han tratado de desentrañar su misterio. El realizado en 2019 por dos locos del ciclismo, Nicolas Loth y Laurent Galinon, que se puede ver en la web de *La Bordure*, echa una mirada tierna y emotiva a esta mágica montaña que tiene el poder, en solo cinco minutos, de enviar a un ciclista a la luna o rogarle que vuelva el año que viene. Coincidencia o no, ese año, 2019, el ganador se llamaba Julian Alaphilippe. Mientras pasan las décadas por su colina, Eddy Merckx, metamorfoseado en Pegaso, seguirá siendo el amo del lugar por mucho tiempo.

MEERBEKE

«Merckx era a veces tan fuerte que nos sentíamos aliviados al verle marchar»

André Dierickx, 2º en la Vuelta a Flandes de 1972

En las clásicas, algunas de las cuales han sido elevadas a la categoría de Monumentos, el pelotón, al igual que el mundo, se rige por un principio darwiniano: lo mejor va para los más valientes. En estas carreras de un día, Eddy Merckx fue la mayoría de las veces audaz y generoso. Es la única persona que tiene diecinueve Monumentos en su palmarés. Es lo que podríamos llamar un campeón de tercer tipo[45], y su nombre está asociado para siempre a la Historia y la Leyenda del ciclismo belga, del mismo modo que los beguinajes, declarados Patrimonio de la Humanidad por la UNESCO, están ligados para siempre a la imagen de Flandes. Ninguno de los cinco Monumentos ha escapado a su atención. Las notas de su rapsodia enumeran siete Milán-San Remo, dos Tour de Flandes, tres París-Roubaix, cinco Lieja-Bastoña-Lieja y dos Giros de Lombardía.

[45] Juego de palabra con los «Encuentros cercanos en la tercera fase». Viene a decir que Eddy Merckx es un extraterrestre. N. del T.

Echemos un vistazo a De Ronde, el nombre flamenco del Tour de Flandes. Surcada de colinas y caminos empedrados, apenas perceptibles bajo la cubierta de los árboles y que se levantan de repente bajo las ruedas de un ciclista, De Ronde es un decorado de los de antes. Su reputación se basa en dos elementos naturales: los adoquines y las colinas. En primer lugar, los adoquines. Ingratos, afilados, tan feos que algunos novelistas veían brotar de sus grietas «la flora de las brujas y el azufre del diablo[46]». El periodista de *L'Équipe* Pierre Callewaert señala que los adoquines de De Ronde, *kasseien* en flamenco, o *kinderkoppen*, literalmente *cabezas de niño*, por su tamaño, el del cráneo de un bebé, son hoy en día mimados. Limpiados y remodelados si es necesario, cada uno de estos terribles cubos de pórfido cuenta la historia de lo que Callewaert llama el «Tour de los locos». Las colinas confieren a De Ronde un relieve extraordinario. Algunas son tan escarpadas que se convierten en muros, como Grammont[47] en Geraardsbergen, «la pequeña ciudad en la montaña» para los lugareños.

Frans Verbeeck, hombre testarudo, obstinado, implacable, dos veces segundo en Flandes, encarna el estereotipo del corredor belga al estilo flamenco. Nunca más abajo del noveno puesto en siete participaciones, su receta para superar las colinas dice mucho de la mentalidad de los corredores flamencos antes de la salida: «Hay que asaltarlas, morderlas, desearlo más que nada». André Dierickx, otro famoso pedrusquero, segundo en De Ronde y en la París-Roubaix en 1972, criado con la misma dieta, sabía hacer de todo en estas carreteras, pero es golpeado por el fatalismo: «Merckx era a veces tan fuerte que nos sentíamos aliviados al verle marchar. En los adoquines, siempre montaba el desarrollo más grande, un 53 x 13, cuando nosotros íbamos a por todas con el 53 x 14 o el 53 x 15».

Y ahí está. Merckx ganó la Vuelta a Flandes dos veces (1969 y

[46] Joris-Karl Huysmans.

[47] Kapelmuur, en flamenco. N. del T.

1975) y terminó tercero cuatro veces (1967, 1970, 1973 y 1974) en doce participaciones. Tiene veintitrés años en su primera victoria, en 1969, cuando golpea a sus rivales con unas condiciones meteorológicas terribles. El viento del norte es glacial, llueve muy fuerte y las ventiscas de nieve convierten a los espectadores en estatuas, lo que daba la impresión de encontrarnos dentro de una novela de Simenon. En cabeza, aún acompañado por cuatro italianos (Gimondi, Bitossi, Basso y Zilioli), Merckx toma el relevo sin pestañear. En un falso llano, a falta de más de setenta kilómetros, se deshace de la *squadra*. Con la mirada de una joven bestia, viento en contra, bajo la lluvia, va a por todas. Pánico al volante del coche de Faema. Guillaume Driessens, su jefe de equipo: «¿Te has vuelto loco? Espera al grupo de detrás». El periodista Robert Janssens, que cubre la carrera para el diario flamenco *Het Laatste Nieuws*, tuvo más tarde el privilegio de conocer la respuesta de Merckx a Driessens. «Que te jodan». Y la diferencia con sus perseguidores no cesa de aumentar. Gimondi, segundo, acusa seis minutos de retraso en la meta de Meerbeke, Basso casi ocho. La hazaña del Caníbal sigue siendo una de las mayores logradas en la historia de De Ronde. Recuerdo de Robert Janssens sobre la polémica en plena ruta con Driessens, a quien Merckx no apreciaba mucho: «En aquel momento dije que incluso el sacristán de una parroquia podría haber actuado como director de equipo. Un panadero o un conductor de tranvía también podrían haber sustituido a Driessens sin ningún problema. Merckx no necesitaba que nadie le dijera lo que tenía que hacer. Hacía lo que quería, donde quería y cuando quería».

Esta temporada de 1969 es una de las más ricas de su carrera (cuarenta y tres victorias en ciento veintinueve días de competición) y su campaña en las clásicas (con la Milán-San Remo, el Tour de Flandes y la Lieja-Bastoña-Lieja) es deslumbrante. Sigue un largo periodo de dominio de Éric Leman (1970, 1972, 1973) antes de que Eddy Merckx protagonice otra gran actuación en 1975, al final de una escapada de cien kilómetros en compañía de Frans Verbeeck, que tiene grandes dificultades para darle algún relevo: «Cuando pasaba en cabeza, el ritmo bajaba dos o tres kilómetros por hora, pero di todo lo que tenía. Merckx vio que no hacía trampas y en el Bosberg me esperó claramente, lo que me permitió salvar mi segundo puesto. Caminaba como un demonio, y ya en la subida del Muro de Grammont, le grité afloja, estoy muerto».

El Lechero volador, sobrenombre de Verbeeck a causa de su primer trabajo, terminará agónicamente. «No veía ni a diez metros, era como si tuviera niebla en los ojos y, por precaución, preferí no ponerme al volante por la noche para volver a casa». En 1975, como en 1969, Merckx gana los mismos tres Monumentos: Milán-San Remo, Flandes y Lieja-Bastoña-Lieja, (con la Amstel Gold Race como bonificación en 1975). Un total de treinta y ocho victorias en ciento cincuenta y un días de carrera.

Disputará dos De Rondes más. En la edición de 1976, es digerido por la masa del pelotón (decimoséptimo), el fin de su carrera se aproxima, pero él no lo sabe y, en 1977, abandona. En el transcurso de sus doce participaciones, el *Gran Merckx* solo echa pie a tierra en una ocasión, en un muro, el Koppenberg, terror en De Ronde, camino medieval solo transitado por carros, con unos adoquines monstruosos y una pendiente del veintidós por ciento en algunos tramos. Walter Godefroot, ganador en 1968, lo descubrió durante un entrenamiento en 1970. Cuando dio parte a los organizadores de su hallazgo, tuvo la precaución de añadir: «Conozco un camino que os gustará, pero no os lo contaré hasta después de mi retirada. No tengo ninguna intención de pasarlo en carrera[48]». Retrasado por una caída en mitad del pelotón en 1976, Merckx recorre a pie, bicicleta en mano, los seiscientos ochenta y dos metros del Koppenberg. La imagen da la vuelta al mundo. El diario japonés *Mainichi Shimbun* la publicó un día con este pie de foto:

«Dios descendió entre los hombres».

---

[48] Revista *Bahamontes.*

ROUBAIX

«De Vlaeminck está en la cuerda. Merckx remonta. Merckx es más fuerte. Merckx va a ganar... Merckx. Merckx. Merckx... Mierda, para el otro»

Luc Varenne, al micro de la RTB, en la meta en 1975

París-Roubaix es el epicentro de cualquier cosa en una temporada, un sueño, una angustia, una ilusión, un regalo de boda. Cuando se casó con Claudine Accou, el 5 de diciembre de 1967, Eddy Merckx, ya campeón del mundo y ganador de dos Milán-San Remo, promete regalársela. Este Monumento adoquinado, sin buenas intenciones, es una pieza de valentía, un largo y caótico trayecto que requiere cualidades específicas, carácter y saber lidiar con las inclemencias del tiempo. La lluvia, el barro, el viento y el polvo forman parte de esta coreografía primaveral que embellece aún más la carrera. Está hecha a medida para un corredor flamenco que se alimenta de estos elementos toda su vida. Y luego están esos nombres prestigiosos del pasado, los Lapize, Speicher, Leducq, Pélissier, Coppi, Bobet, Forestier, Van Steenbergen, Cérami, que flotan sobre Mons-en-Pévèle, Carrefour de l'Arbre, Tilloy-lez-Marchiennes, Camphin-en-Pévèle, sectores adoquinados de cinco estrellas que zanjan voluntades y cuentan una historia. Estos gladiadores del pavés merecían ser homenajeados, y desde 1996, en una especie de Hollywood Boulevard, placas de latón adornadas con el nombre del vencedor se colocan en las duchas del velódromo, donde los participantes acuden a borrar las huellas de una batalla que duró más de seis horas. La París-Roubaix solo ha roto una vez la regla inmortalizando dos nombres. Fueron el primero y el último de 1968: Eddy Merckx y Philippe Crépel, natural de Lille.

El siete de abril de 1968, cuatro meses después de la boda, el Caníbal coloca su primer adoquín en la cesta nupcial y salva su temporada de clásicas. Ganará dos más, en 1970 y 1973, y en doce participaciones siempre ha llegado a Roubaix. Tres victorias, como Rik Van Looy, pero una menos que Roger De Vlaeminck, su mayor enemigo en los adoquines. La edición del 68, ventosa y soleada, aborda por primera vez un nuevo sector adoquinado que el antiguo campeón del mundo Jean Stablinski, hijo de la región de Valenciennes, había encontrado en una explotación minera abandonada. La Drève des Boules d'Hérin, también conocida como Trouée d'Arenberg, aún no sabe que se convertirá en el ombligo de la París-Roubaix, la leyenda de las leyendas. Drève, Trouée, Tranchée[49] para otros. El mismo nombre te abofetea. Dos mil cuatrocientos metros de adoquines traicioneros y cubiertos de barro que se han cruzado desde la noche de los tiempos. Por el Poilu[50] del 14, caminando a duras penas detrás del cañón tirado por un Rocinante. Por los Gueules Noires[51] que bajaron al fondo de los pozos de carbón. Por los paisanos que transportaban carros de remolacha, o por el joven Stablinski, antiguo *galibot*[52], que volvía a casa en bicicleta desde el baile los domingos por la tarde, acordeón a la espalda. Eso fue hace mil años.

---

[49] «Camino entre árboles», «agujero» y «trinchera», respectivamente. En español es habitual referirse a este tramo como *Fôret d'Arenberg,* el «Bosque de Arenberg». N. del T.

[50] Apodo con el que se conoce a los soldados franceses de infantería que combatieron en la Primera Guerra Mundial. N. del T.

[51] Literalmente los «Caras negras». Así se conocía a los mineros del norte de Francia. N. del T.

[52] Niño que trabaja en galerías mineras demasiado angostas para un cuerpo adulto. Por extensión, se dice de cualquier «aprendiz» de trabajo manual, aunque en el caso de Stablinski el significado correcto es, por su biografía, el primero. N. del T.

Para los ciclistas, la París-Roubaix y sus adoquines son territorio comanche. Ambos crecen a lo salvaje, ambos hieren, ambos te piden que vayas a por la corneta sin pensar. Merckx es uno de esos corredores. Con cualquier meteorología. En el 68, solo Van Springel le planta cara hasta el velódromo. El esprint es una formalidad. Disminuido por una amigdalitis al año siguiente, se inclina (segundo) contra los cuatro Flandria: Godefroot, ganador, los hermanos De Vlaeminck y Leman. Un escenario idéntico se repite en 1970: Merckx contra cuatro Flandria, los dos De Vlaeminck, Leman y Dierickx, pero esta vez, bajo la lluvia, el viento y el barro, repele a la concurrencia. El Gitano, segundo, queda a más de cinco minutos en Roubaix. En Francia aparecen los primeros signos de enfado. Jean Leulliot, organizador de la París-Niza y columnista de *L'Aurore*, escribió: «A este paso, Eddy Merckx bien podría acabar con el deporte del ciclismo».

En 1971, Roger Rosiers, casaca del Bic, se impone en solitario, a pesar de una caída y tres pinchazos. Una especie de húsar sobre el pavé, ya que sabía que tenía que arreglárselas en solitario, explica: «En el primer pinchazo no tenía ningún compañero de equipo a mi lado para pasarme una rueda. Para un corredor francés, venir a correr a Bélgica o correr la París-Roubaix, con viento lateral, metiendo codos, bajo el aguacero, era un castigo. Cuando ataqué al final, ni Merckx ni nadie pudo seguirme». En 1973, volvimos a ver al gran Merckx. Rosiers, admirado: «Lluvia desde el principio. Un tiempo horrible. Pasado el ecuador de la carrera, yo rodaba en el grupo de los fuertes: De Vlaeminck, Godefroot, Maertens, Verbeeck, Walter Planckaert y Van Springel, pero allí no estaba Merckx. Después de un tramo adoquinado, en el asfalto, iban a sesenta kilómetros por hora, con la nariz en el manillar, para aumentar la diferencia. Creíamos que la selección está hecha cuando de repente vimos llegar a Merckx, comiendo un pastelito, sonriendo, como diciendo eh, chicos, ¿os habíais olvidado de mí? Atacamos uno tras otro para doblegarle, pero fuimos nosotros los que nos acabamos por quebrar. Se fue tan lejos como quiso irse. En los grandes momentos nadie podía competir con él. Demasiado fuerte».

Nadie, excepto uno: Roger De Vlaeminck. En 1974, El Gitano hace hincar la rodilla a Moser. Provocador, y también porque el italiano no le caía muy bien, responde a un periodista: «Solo he sufrido por las ampollas en mis manos». En la edición siguiente desafia a Merckx, autor de una primavera impresionante de clásicas: Milán-San Remo, Tour de Flandes, Amstel Gold Race y, pronto, Lieja-Bastoña-Lieja. El pentacampeón del Tour se encuentra en un pequeño grupo en el tramo final con Dierickx, Demeyer y De Vlaeminck. Cuando se acercan a las primeras casas de Roubaix, Merckx sufre un pinchazo, pero casi inmediatamente recupera la velocidad y los cuatro entran en el velódromo. En la tribuna de prensa, Luc Varenne, famoso reportero de radio de la RTB, la Radiotelevisión belga, saca el máximo partido al acontecimiento. Antiguo miembro de la Legión Extranjera, apasionado, voluble, también actor de cine y televisión, colaborador de la revista *Tintín*, es uno de los grandes admiradores de Eddy Merckx. Está entusiasmado, seguro de que *su potrillo* va a ganar su cuarta París-Roubaix. Y es el esprint, la recta final, lo que comenta de esta forma:

«De Vlaeminck está en la cuerda. Merckx remonta. Merckx es más fuerte. Merckx va a ganar... Merckx. Merckx. Merckx... Mierda, es el otro».

El ganador se lo echará en cara durante mucho tiempo, pero eso no es lo importante. Lo importante es que estos dos *monstruos* han ganado ya tres ediciones cada uno: 1968, 1970 y 1973 para Eddy; 1972, 1974 y 1975 para Roger. Sus destinos se tocan. Hay un temblor natural del ego, pero no celos entre ellos. Los dos mejores corredores de clásicas se aprecian y se respetan. La fantasía del cuarto adoquín está a punto de tomar forma. En 1977 era bola de partido y lo sublime se impone. Como un ángel negro, De Vlaeminck flota sobre el pavé. Una orgía de adoquines, cincuenta y cinco kilómetros en total, su alimento terrestre favorito. Zigzaguea por encima de la leyenda. Es el primero en lucir un póker de ases.

En Kaprijke, en el salón de su casa, levanta uno y le da unas palmaditas en la cabeza. ¡Qué hermoso es un adoquín! En sus manos parece un cetro, una joya, una obra de arte.

LIEJA

«En sus grandes momentos, golpeaba el mentón de la luna con la frente»

Ernest Hemingway

Sentado en un sofá negro, Eddy Merckx conversa con el periodista belga David Lehaire. Estructura de rostro robusto, frente ahuecada por los años y dos grandes arrugas que le recorren desde la nariz hasta la boca, desprende una especie de serenidad. La conversación es fluida, haciendo un repaso a la actualidad. Realizada en abril de 2024, la entrevista se encuentra en la página web de *DH Les Sports+*. Cuando se le pregunta por sus preferencias, por ejemplo, entre el Tour de Flandes y la Lieja-Bastoña-Lieja, Merckx no duda: «Lieja, porque es la más dura. La más regular». Y confirma: «Era mi terreno. Por el relieve y por el frecuente mal tiempo». Cinco victorias, un segundo puesto y un tercero en diez participaciones, nadie lo ha hecho mejor.

Algunos años, la clásica de las Ardenas, también conocida como *La Doyenne*, aún no ha salido del túnel de invierno cuando llega su turno en el calendario. En dirección a Bastoña, donde aún hay algunos grados menos, el pelotón se adentra en las Ardenas profundas y en los espesos bosques de abetos, robles y abedules. País de carboneros y leñadores. País de gamos y corzos. *La Doyenne* es el alma del ciclismo valón. A veces la nieve deja huellas que nunca se borran. En 1980, edición rebautizada como *Neige-Bastog-*

ne-Neige[53] debido a su particular dureza aquel año, cuando el pelotón se enfrentó a temperaturas cercanas al punto de congelación y a una terrible tormenta de nieve. Bernard Hinault, el ganador, tenía los dedos congelados y aún lleva las cicatrices.

Estas carreteras y paisajes, que soportan el peso de la historia (por aquí pasaron en 1914 los tanques de la Wehrmarcht, los batallones de Von Bülow, de Moltke, de Schlieffen y, veinticinco años después, el Ejército Panzer), están clasificados como una de las maravillas naturales de las Ardenas. Cada año, cientos de ciclistas se lanzan a la conquista de sus escarpadas y bellas colinas: el Muro de Stockeu, donde se alza la estela de Eddy Merckx; la Côte de Wanne, desde donde el Caníbal emprendió una fantástica hazaña en 1969; Haute Levée. Y, a medida que se acerca a Lieja, el rosario de dificultades continúa con La Redoute, Les Forges, conocida por el recuerdo de Stan Ockers, vencedor en 1955, y La Roche-aux-Faucons, el perrón calcáreo de Lieja. La historia de *La Doyenne* es apasionante, magnética y fascinante. Un periodista, cuyo nombre no he podido encontrar, dijo que esta «clásica pone belleza donde solo hay naturaleza». Su popularidad exponencial puede medirse de tres maneras: desde los nombres prestigiosos que adornan su palmarés; parando por las interminables colas de ciclistas aficionados en cuanto vuelve el buen tiempo; o por el número de bares, una unidad de medida extraña, pero que dio a Jean-Baptiste Baronian, autor del *Dictionnaire Amoureux de la Belgique*, la brillante idea de proponer la creación, por qué no, de una Ruta de la Cerveza como ya existe una Ruta del Vino en Francia. En la parada de avituallamiento el ciclista podría reconfortarse con el lúpulo local elaborado con nombres pintorescos, casi encantadores: «*Vapeur en folie, Satan red, Queue de charme blonde, Marquise foncée, Hercule à vapeur, Poiluchette blanche de Thy, Écume des jours*... etc.».

La de 1969 es la primera de las cinco victorias de Eddy Merckx. Su imaginación audaz y su ambición ya habían mar-

[53] *Nieve-Bastoña-Nieve*, jugando con la similitud fonética en francés entre Liege y Neige. N. del T.

cado los espíritus. Ha ganado tres veces la Milán-San Remo, también el Tour de Flandes y la Roubaix. El Ogro de Tervueren, su segundo apodo, ama ganar por encima de todo, pero no desea victorias ordinarias. Incluso cabe imaginar que preferiría cualquier derrota al estilo de Julio Cesar, siempre que fuera grandiosa, a una victoria barata, mediocre y de poca monta. Lo que más le gusta a Merckx son las ofensivas de gran estilo, envergadura, panaché. Cuando realiza su ataque decisivo en la côte de Wanne aún le quedan más de cien kilómetros. Solo Victor Van Schil, compañero de equipo, puede seguirle. Las dificultades del final eran demasiado duras para él. Merckx le anima, «¡Aguanta, Vic!, come un poco», e incluso le espera. Los dos Faema llegan al velódromo de Rocourt con una cómoda ventaja de ocho minutos. Ironías de la historia, Merckx tiene tiempo de comentar en el micrófono de BRT el esprint por el tercer puesto (Barry Hoban). Otra versión, recogida por la revista *Bahamontes*, cuenta la historia de Merckx y Van Schil, ya fallecido, de forma diferente. El periodista Rik Van Puybroeck se basa en testimonios oculares fiables y afirma que, antes de entrar en la pista de ceniza[54], Merckx preguntó a su *equipier*: «Vic, ¿quieres ganar?». A lo que Van Schil, fiel compañero, replicó: «¡Oh, no! Aunque te caigas, te llevaré en brazos para que cruces la meta el primero». Realidad o leyenda nebulosa, vaya usted a saber.

El 17 de abril de 1970, en la salida de la plaza Saint-Lambert de Lieja, Merckx es de nuevo el gran favorito. Sobre los adoquines de París-Roubaix, había hecho una demostración, y dejó atrás por más de cinco minutos a su gran rival, Roger De Vlaeminck. También será el más fuerte en la Gante-Wevelgem y en la Flecha Valona, disputada después de *La Doyenne* en 1970. Seis corredores se disputan la victoria en el estrecho pasillo que conduce al velódromo. Merckx, atento y confiado, sujeta firmemente su queso

---

[54] Debido al mal tiempo, la llegada no se disputó sobre la pista de cemento, demasiado resbaladiza por la nieve y las fuertes lluvias, sino que se llevo a cabo sobre la ceniza de la pista de atletismo.

en el pico[55]. Pero en la fábula solo hay un zorro, y aquí los De Vlaeminck son dos. Los otros tres escapados, Verbeeck, Van Springel y Pintens, ya aspiran a los premios de consolación. Última curva antes de entrar en la pista. Todo el mundo espera un esprint cuando, de repente, solo sale a la luz Roger De Vlaeminck, con su maillot de campeón belga. Llega a tener un puñado de segundos de ventaja. Una vuelta y media más tarde suma la victoria a su palmarés. Pero ¿qué ha pasado? Merckx acusa a los hermanos de haberle hecho una jugarreta. «Erik, que abría la carrera, me cerró por la izquierda, y Roger se fue». Durante mi encuentro con el Gitano en su casa de Kaprijke, el acusado quiso dar su versión de los hechos. En una hoja de papel Din-A4, dibujó diligentemente las últimas curvas del túnel, colocando tres círculos que casi se tocaban: «La ruta no es muy ancha. Apenas más grande que esta mesa, yo diría que tres metros. Erik va delante, a la izquierda, con Merckx a su rueda, y yo a la derecha. Todo sucedió en un instante. Un gesto a mi hermano, él cierra la puerta a Merckx y yo demarro. No podemos volver a ver las imágenes, no hay cámaras allí dentro, pero lo que Merckx denuncia es un lance de carrera, no una irregularidad. Si hubiera prestado más atención habría rodado por el centro y no por la izquierda. Es tan estrecho que al más mínimo error ya te puedes despedir. Creo que estaba más ofendido que molesto. Eran los días en que estábamos en guerra. Había 20 000 espectadores en un critérium en Denderleeuw. Me silbaron, insultaron y amenazaron 19 998 personas, las únicas que estaban a mi favor eran mi padre y mi madre, que me habían acompañado en coche. No tengo miedo a muchas cosas, pero todo ese odio, a mis veinte años, sí, me perturbó».

El Caníbal compensa en 1971. *A lo Merckx*. Una escapada de noventa kilómetros por la nieve y el frío glacial. No le importa, avanza intrépido, como Júpiter, porque se sabe dueño de todas las tormentas y manda al segundo escalón a su compatriota Pintens,

---

[55] Referencia a la fábula del zorro y el cuervo, originalmente presentada por Esopo. N. del T.

que le acompaña en el final. En 1972, con el maillot arcoíris sobre los hombros, toma la delantera en las pendientes de Stockeu y llega en solitario a la meta de Verviers. En 1973 añade una cuarta estrella a su palmarés donde, de nuevo en el velódromo, bate al indestructible Frans Verbeeck por... tres centímetros. Finalmente, en 1975, tras sus victorias en Milán-San Remo, Tour de Flandes, Amstel Gold Race y un segundo puesto en París-Roubaix, redondea su temporada de clásicas con un último triunfo en Lieja, donde Bernard Thévenet se la jugó al final. El borgoñón explica: «Estoy en la escapada buena, en compañía de corredores que son todos más rápidos que yo. Merckx, Godefroot, De Vlaeminck, Dierickx, Verbeeck. Los franceses, Danguillaume, Delisle, Seznec y yo no pintamos mucho. Pero después de seis horas y media de carrera y con todos estos velocistas vigilándose unos a otros, me digo: si hago buen ataque a un kilómetro de meta, ¿quién va a hacer el esfuerzo? Porque el que venga detrás de mí sabe que ha perdido. En el Boulevard de la Sauvenière he atacado como estaba previsto y ¿quién me alcanza a trescientos metros? El *Padre Merckx*. Y, en el esprint, hice segundo».

Es el decimoctavo y penúltimo Monumento de su carrera. El último llega en 1976, en San Remo. Hablar de él como un monstruo sagrado, un faro, un símbolo de los setenta es insuficiente. ¿Cómo describirle? Podría ser el héroe de Hemingway que «en sus grandes momentos, golpeaba el mentón de la luna con la frente».

LOMBARDÍA

«Es difícil enfrentarse a un rival que sabes que es mejor que tú, pero no creo que haya mayor motivación que correr contra Merckx»

Felice Gimondi, ganador del Tour de Francia, el Giro y la Vuelta a España

Dos veces, en 1971 y 1972, Eddy Merckx abre y cierra la temporada de caza en los Monumentos: Milán-San Remo y Giro de Lombardía. En ambos casos ha completado el cuadro con un éxito en la Lieja-Bastoña-Lieja. Cuando pisó Lombardía a principios de octubre de 1971, el corredor de Bruselas ya había logrado cincuenta y cuatro victorias en ciento veinte días de carrera, y en 1972 ha ganado cincuenta veces en ciento veintisiete días de competición. La fatiga de una temporada que, a veces, implicaba casi doscientos días de competición era el primer obstáculo a superar. Ningún problema para él. La lluvia, la niebla, el frío otoñal y el terreno ingrato de Schignano, el Passo d'Intelvi, un auténtico puerto de dieciséis kilómetros, el Ghisallo o el Muro de Sormano constituían una frontera mucho más tremenda.

En general, cuando pasaban por Como, a falta de más de una hora de carrera, un centenar de ciclistas se dirigían a los hoteles y a las duchas. Merckx nunca cayó en la tentación. «Rodaba con una coraza, nada podía tocarle», escribió el periodista Willem

Wijnendaele. Bernard Hinault se inspiró en su método para triunfar en 1979, al final de una escapada iniciada a falta de ciento cincuenta kilómetros, en compañía de su compañero Bernard Becaas, sin preocuparse nunca del italiano Silvano Contini, incapaz de dar un relevo. Casi en la cima de sus fuerzas, en 1974, Bernard Thévenet, sexto a un minuto y veinticuatro segundos del vencedor Roger De Vlaeminck, resumió los cuatro mil quinientos metros de desnivel entre Bérgamo y Como en pocas palabras: «Lombardía es montaña, coraje y fuerza mental».

En su incansable búsqueda de victorias, Merckx podría haber duplicado a cuatro su cuenta en la Clásica de las Hojas Muertas. En su primera participación, en 1966, es el más rápido de los seis supervivientes que entraron en el velódromo de Sinigaglia. Entre Poulidor, Anquetil, Dancelli, Adorni, Gimondi y él mismo, el esprint debe ser una formalidad. Pero sobre la pista de cemento comete un error de debutante al encerrarse en la cuerda. El viejo zorro Adorni, compañero de equipo de Gimondi, no necesita mucho más. A media vuelta de la meta, a la altura de Merckx, separa los codos y después la espalda, empujándole sin escrúpulos y casi haciéndole rodar por la hierba del campo de fútbol. Cuando Merckx consigue rodear a Adorni por su derecha e iniciar su esprint, Gimondi tiene una ventaja de quince metros. Sobre la línea de meta, le falta media bici. No se presenta protesta alguna: «Fue culpa mía, luché solo», admite Merckx. Las imágenes en blanco y negro del INA confirmaron que la maniobra de Adorni fue más que dudosa, que obstruyó a un adversario y no mantuvo su línea, una falta clara a ojos del reglamento.

Este es su primer enfrentamiento con Felice Gimondi. Los dos hombres se cruzarían siete veces en las empinadas laderas de Lombardía. Un partido dentro de otro partido. El bergamasco se impone en 1966 y 1973, el bruselense en 1971 y 1972. Merckx y Gimondi suben al podio tres veces cada uno: 2º en 1966 y 1974 y 3º en 1968 para Eddy; Felice fue 2º en 1967 y 3º en 1970 y 1972. La temporada 71 fue una buena cosecha para el Caníbal: Milán-San Remo, Lieja-Bastoña-Lieja y el Campeonato del Mundo de Mendrisio, donde bate a Gimondi. Los dos rivales vuelven a encon-

El ciclista vizcaíno Juan María Uribezubia (Licor Karpy) saluda a Eddy Merckx en 1969 (Auribezubia CC-BY-SA-4.0).

El ganador Eddy Merckx cruza la línea de meta celebrando su victoria en la Amstel Gold Race, 29/03/1975 (Hans Peters/Anefo, Nationaal Archief CC0).

Eddy Merckx celebra su primera victoria en el Tour de Francia en 1969. (Xavier Rombouts CC-BY-SA).

Luis Ocaña, Eddy Merckx y Raymond Poulidor ascendiendo el Mont Ventoux durante el Tour de Francia 1972 (Presse Sports).

Persiguen a Eddy Merckx: Vicente López Carril (con el maillot de campeón de España), Gonzalo Aja y Raymond Poulidor durante el Tour 1974 (Presse Sports).

Tom Simpson, Jacques Anquetil, Rudi Altig y Eddy Merckx, cuatro de los mejores ciclistas de la temporada 1967 (Presse Sports).

Eddy Merckx, Roger de Vlaeminck y Eric Leman en la París-Roubaix de 1974 (Presse Sports).

Eddy Merckx disputando la París-Roubaix, 02/04/1970 (Presse Sports).

Reunión de ases: Felice Gimondi, Bernard Thevenet, Lucien Van Impe, Joop Zoetemelk y Eddy Merckx en el Tour de Francia 1975 (Presse Sports).

Eddy Merckx de rosa en el Giro de Italia de 1973, rodeado de tres corredores de Kas: Gonzalo Aja (a rueda), Santi Lazkano (izquierda), José Manuel Fuente (atrás, escondido). Felice Gimondi, campeón de Italia, viene por la derecha (Presse Sports).

Luis Ocaña y Bernard Thevenet siguen a Eddy Merckx durante la etapa del Tour de Francia Pau - St. Lary de Soulan, 08/07/1975 (Presse Sports).

Raymond Poulidor a rueda de Eddy Merckx durante el Tour de Francia de 1970 (Presse Sports).

Eddy Merckx (Faema), Luis Ocaña (Bic) y Vittorio Adorni (Scic) en 1970 (Presse Sports).

trarse una semana después en Lombardía para la revancha. Merckx está motivado. Las dudas en torno a su victoria en el Tour del 71, que habían surgido tras la caída de Ocaña en el Col de Menté, no están totalmente disipadas. Con un tiempo invernal, deja a sus perseguidores más cercanos a más de tres minutos. Gimondi solo entra noveno. La temporada 72 es un calco de la anterior. Merckx abre con un quinto éxito en la Primavera y la cierra con la Clásica de las Hojas Muertas. Entre medias gana Lieja-Bastoña-Lieja. Por segunda vez, logra el doblete Giro-Tour de Francia, doblete que repetirá en 1974, hasta sumar tres. En Como, cruza la línea de meta un minuto y veinticuatro segundos por delante de Guimard y Gimondi. No son más que diecisiete los corredores que terminan. Este hombre es gigantesco. En dos semanas volará a México D.F. para batir el récord de la hora, que supera con una marca de 49,431 kilómetros.

Cuando llega la edición de 1973, una semana después del Campeonato del Mundo de Montjuic, ganado por Gimondi, aún quedan cuentas pendientes. Merckx y Maertens se acusaron mutuamente por haber perdido. Merckx se enfada por todo lo que la prensa publica, poniendo en duda su honestidad, insinuando que la guerra entre los fabricantes de componentes Campagnolo (Gimondi y él mismo) y Shimano (Maertens) estaba invitada en aquel esprint. Aunque juró que todo era falso, el daño ya estaba hecho. Y, cuando Merckx se enfada, las cosas empiezan a cambiar. Su carrera, o más bien su cabalgada, es una carnicería. La competencia es picada en pedacitos. Cruza la meta con más de cuatro minutos de ventaja sobre un pequeño pelotón de veintidós corredores, resuelto al esprint por Gimondi. El podio parece majestuoso: ¡Merckx, Gimondi, De Vlaeminck! Un mes más tarde, justo cuando Merckx ha comenzado su temporada en pista con los Seis Días de Dortmund, estalla la «bomba de Como». Se detectaron rastros de norefedrina, una sustancia prohibida, en su orina, análisis confirmado por la segunda muestra. Una semana antes, tras ganar A través de Lausana, Angelo Cavalli, su médico, le había recetado Mucantil para frenar la aparición de un catarro, un jarabe que toman los recién nacidos. Nadie duda de su buena fe, sobre todo porque la norefedrina no tiene propiedades estimulantes ni vigorizantes. Pero el daño está hecho. Por mucho que su médico se culpara, «es culpa mía, mi gran culpa y yo soy el único culpable», la Comisión Técnica de la UCI le despojó de su victoria en Lombardía. Hoy, Merckx insiste en que sigue siendo «una de las más bellas» de su carrera.

Es cierto que fue una simple coincidencia, pero Gimondi volvió a beneficiarse de su descalificación. Como en el Giro de 1969 tras su positivo en Savona. Hemos redescubierto un archivo del elegante ciclista de Bérgamo, fallecido en 2019. En la *Gazzetta dello Sport*, el tres veces ganador del Giro, Tour de Francia, Vuelta a España, París-Roubaix, Milán-San Remo y el polémico Campeonato del Mundo de Montjuic, confesaba que «enfrentarse a Merckx significaba lanzarse a la conquista de lo imposible. Es sin duda el más grande de todos los tiempos en nuestro deporte y gracias a él he progresado en todos los terrenos. Siempre recordaré la legendaria etapa de Tre Cime di Lavaredo en el Giro de 1968. Aquel día lloré como un niño pequeño, me sentía inútil, tan abochornado, avergonzado con mis *tifosi*». Preguntado por el asunto de Savona, Gimondi dijo que en aquel Giro «Merckx tenía la carrera ganada. Nadie podría haberle batido. Sé todo lo que se ha dicho de mí y del equipo, pero no soy en absoluto responsable». Y más adelante: «De todas sus victorias, fue en el Tour de Francia de 1969 donde más me impresionó. Un recital de fuerza e inteligencia. Era como si corriera en otra categoría. Y cuando ambos nos encontrábamos en una escapada, como en el Campeonato del Mundo de Mendrisio, sabía cómo iba a terminar todo. En un esprint cara a cara no tenía ni la sombra de una posibilidad. Tras su título en Mendrisio, el *Corriere della Sera* publicó el siguiente titular: 'Merckx campeón del mundo. Gimondi gana a todos los demás'. Es difícil enfrentarse a un rival que sabes que es mejor que tú, pero no creo que haya mayor motivación que correr contra Merckx».

HEERLEN, MENDRISIO, MONTREAL

«Gimondi me ofreció 9 millones de francos por dejarle ganar. Podría haberme ofrecido el doble o el triple, y mi respuesta no habría cambiado. Fue no»

Eddy Merckx, sobre su Campeonato del Mundo de 1971

En trece años, de 1965 a 1977, independientemente de la profundidad y amplitud de sus temporadas, Eddy Merckx nunca se perdió un solo Campeonato del Mundo. Trece participaciones, tres maillots arcoíris en Heerlen (1967), Mendrisio (1971) y Montreal (1974), un solo abandono en Zolder (1969). Solo cinco corredores en la historia han ganado tres títulos mundiales: Alfredo Binda, Rik Van Steenbergen, Oscar Freire, Peter Sagan y él mismo. En realidad, Merckx ha vestido cuatro maillots arcoirisados, empezando por el de Sallanches (1964), en categoría *amateur*, donde estuvo a nada de que una jugarreta del médico de la *Royale Ligue Vélocipédique Belge* le impidiera ser seleccionado para los Mundiales, por una supuesta debilidad cardíaca. Fue necesaria una segunda opinión en el Hospital Universitario de Gante para demostrar su aptitud. Ya fuera buen presagio o coincidencia, este primer título se ganó ante los ojos de Jan Janssen, quien se coronó entre los pros al día siguiente. Poco sabían ambos que pronto serían protagonistas en el Campeonato del Mundo de 1967.

Heerlen, tres de septiembre de 1967. Eddy Merckx disputa su segunda y última temporada con Peugeot. No se presenta en la salida del campeonato en su mejor forma. Víctima de una caída en el Campeonato de Bélgica en Mettet, ha sufrido una conmoción cerebral y tiene que interrumpir su preparación. Aquel día hubo tres protagonistas. El primero es Gianni Motta, ganador de la Vuelta a Suiza y sexto en el Giro. Los periódicos italianos informan que se sometió a una preparación calcada a la de los cosmonautas antes de ir al espacio. En segundo lugar, Jan Janssen, ganador de la París-Roubaix, la Vuelta a España y el maillot verde en el Tour de Francia del 67. Está en Limburgo, está en su tierra. El tercero es Eddy Merckx, ganador de la Milán-San Remo, la Gante-Wevelgem (por delante de Janssen) y la Flecha Valona. ¿Estará suficientemente recuperado de su caída?

Durante nuestro encuentro en casa de Motta, en Cassano d'Adda (Lombardía), hablamos obviamente de esta famosa y controvertida preparación, digamos *lunar*, bajo las instrucciones del doctor De Donato, de la que algunos se han burlado y criticado: «Se difundieron muchas informaciones falsas sobre mí y sobre la credibilidad de mi médico: que utilizaba un simulador de vuelo sin presión para obligar a mi cuerpo a absorber más oxígeno, o que utilizaba una centrifugadora para acostumbrarme a las aceleraciones violentas. De Donato revolucionó mi dieta. Durante semanas no comí más que líquidos a base de sustancias predigeridas, pescado, carne y materia vegetal. Lo admito, olía un poco fuerte cuando abría un bidón durante el entrenamiento, pero me acostumbré. Unos años más tarde, en los Tres Valles Varesinos, Eddy y yo estábamos escapados. Hablábamos codo con codo. Abrió su bidón, bebió y reconocí el olor de las bebidas preparadas por De Donato. Me alegró ver que nos habían copiado. En la última semana antes de Herleen, el lunes, miércoles y viernes, recorrí trescientos kilómetros. Llevé a tres compañeros de equipo para que me ayudaran. Cada uno hacía cien kilómetros antes de volver a casa y yo cogía al siguiente. En Heerlen, De Donato siguió conmigo. Los últimos test fueron excelentes y en la reunión, la víspera de la carrera, les dije a los otros: me escapo pronto, no me ocupo de nadie. Pensaron que estaba loco. ¡Había doscientos cincuenta y seis kilómetros en el programa! Quinientos metros después de la salida ya estaba en cabeza».

Merckx no tarda en darle réplica, y en la cota de Ubachsberg se les unen el holandés Van der Vleuten, el español Sáez y el británico Addy. Motta: «En la cima de la subida miré a Merckx:

¿Cuánto crees que tenemos?

Unos diez segundos.

Suficiente. No van a entrar».

El segundo protagonista es Jan Janssen. Sorprendido desde el principio, el holandés alcanza a la escapada tras una persecución de cincuenta kilómetros. Esta es su versión: «Maurice De Muer, mi director deportivo, está al borde de la ruta, cerca del final. En la penúltima vuelta me entrega un papelito con las palabras *Cambia de bicicleta. Necesitas trece dientes*. Dudé. Acababa de perder mucha energía en la persecución e hice el esprint con un piñón de catorce dientes. A doscientos metros estoy a la derecha, a rueda de Merckx. Me fui hacia atrás para evitar que me encerrase, toqué su rueda trasera y perdí metro y medio. Volví a remontar, pero me faltaron treinta centímetros. Es una de las mayores decepciones de mi carrera». Conclusiones del ganador, Eddy Merckx: «No creo que la maniobra de Janssen fuera la causa de su derrota. Si miras las imágenes, no puedes ver nada anormal. Todo esto son falsas excusas».

Mendrisio, cuatro de septiembre de 1971. Esta carrera por el título de campeón del mundo debe considerarse en el contexto del Tour de Francia, que aún está fresco en la mente de todos. ¿Habría ganado Eddy si Luis Ocaña, que vestía de amarillo, no se hubiera estrellado en el descenso del Col de Menté? Muchos piensan que no. La venganza está servida en Suiza. Merckx se preparó con especial cuidado. Concentración en altitud en la Toscana, en Abetone (1400 metros). Cuatro días antes de la carrera, hace una salida de trescientos kilómetros. Solo. Al día siguiente, abandona Abetone y recorre doscientos kilómetros hasta Monza. El viernes hace otro bucle de ciento cincuenta kilómetros sobre la ruta del Giro de Lombardía, pasando por Ghisallo. El domingo la carrera está despejada. Desbroza el terreno a mitad de recorrido y mantiene a su lado a Gimondi, Polidori, Pintens, Mortensen y Guimard, de cuya velocidad desconfía. Merckx ataca de nuevo y se encuentra mano a mano con Gimondi. Al parecer, el italiano le ofreció el segundo puesto a cambio de una gran suma de dinero. ¿Es cierto o solo un rumor? «Cierto», dice Merckx en su biografía. «Gimondi me ofrece 9 millones de francos para que le dejara ganar. Podría haberme ofrecido el doble o el triple, y mi respuesta no habría cambiado. Fue no». ¿Y Ocaña? Nunca le vimos durante la prueba. En la mente del Caníbal, el asunto del Tour de 1971 estaba zanjado.

No todo son buenos recuerdos en sus diversos Campeonatos del Mundo. Montjuic 1973, donde Gimondi se impone por delante de Maertens, es incluso muy malo. No será hasta treinta años después cuando Merckx y Maertens se reconcilian durante una reunión de antiguos campeones en la región del Beaujolais. Merckx, que se había escapado, no entendía por qué su compatriota atacó para atraparle y luego se niega a colaborar con él, permitiendo que Gimondi y Ocaña enlazasen también. Maertens, aquejado de calambres, acepta sin embargo preparar el esprint a Merckx, pero nada sale según lo previsto y Gimondi se hace con la victoria. Las palabras son duras. «Cobarde», «Vendido». ¡Treinta años! El Beaujolais tiene sus virtudes...

En la lista de decepciones, Yvoir 1975, en la tierra de Merckx y De Vlaeminck, también deja un sabor amargo. La versión del medallista de bronce, Jean-Pierre Danguillaume, da una primera idea del fiasco belga. «Ataqué en la penúltima vuelta y enseguida tuve a De Vlaeminck a mi rueda. No relevó ni un metro. Aflojo y ¿a quién veo alejarse en el mismo instante? Kuiper. De Vlaeminck no se inmutó, y el otro se fue, tranquilo y confiado. No me corresponde a mí hacer el trabajo, sino a los belgas». Danguillaume admite que no sabía que Merckx se había caído después de una hora de carrera y que, mermado, hizo lo que pudo para ayudar a su compañero De Vlaeminck. ¿Quizás este último no tenía suficientes apoyos para ayudarle la persecución detrás de Kuiper? Es una evidencia, pero ¿de quién es la culpa? La víspera, De Vlaeminck respondió a un periodista belga que adelantaba el argumento de que «once corredores siguen siendo una ventaja extra significativa» (Merckx, campeón saliente, concedió al equipo belga el derecho a correr con un corredor más).

«¿Once? No», replicó el Gitano. «Diez y medio», y señala Van Impe.

Al día siguiente, este tipo de bromas, ampliamente difundidas por la prensa, se vuelven contra él como un bumerán. Cuando hace una señal al Pequeño Lucien (un personaje encantador, por cierto), y le pide que tire, el otro, ofendido, le contesta amablemente que va ya dando todo lo que tiene dentro. «En la última vuelta, cogí una gran ventaja», prosigue Danguillaume. «Volví a acercarme a cien metros de Kuiper, pero con Zoetemelk, su compañero de equipo, a mi rueda. Como Thévenet también estaba en el grupo, pensé que iba a atacar. El final era para él. No sabía que había roto un radio de su rueda y que estaba contento con aguantar. Nunca en mi vida he ganado a De Vlaeminck en un esprint. Él hizo segundo y yo tercero». Última ocurrencia del Tourangeau[56]: «En el hotel había un acuario precioso. No teníamos que ir muy lejos para pescar langosta. Puse mi prima de mil francos por el tercer puesto sobre la mesa y nos consolamos».

Retrocedamos una temporada, hasta el tercer y último título de Merckx, en 1974. La estancia del equipo belga en Montreal empieza mal. Alojado en un incómodo Centro Universitario, se instalan en el único hotel libre de la ciudad: un *hôtel de passe* o «lugar de reunión[57]». El domingo 25 de agosto, en el circuito del Mont Royal, que hay que subir veintiuna veces, Bernard Thévenet, solo en cabeza con tres minutos de ventaja durante ciento quince kilómetros, acaricia el sueño de ser campeón del mundo hasta que quedan cinco kilómetros para la meta. Menos de media vuelta es todo lo que le faltaba. ¿Habría logrado conservar un puñado de segundos de ventaja si Poulidor y Martínez, presentes

[56] Natural de Tours. N. del T.

[57] *Un hôtel de passe* es un burdel. N. del T.

en el contraataque junto a Merckx, Santambroggio y Van Springel, le hubieran protegido mejor? El «no» de Thévenet es categórico: «Estaba cocido. No me quedaban fuerzas. Había comido mal y eso es imperdonable». Merckx tendrá la elegancia de admitir que «sin Van Springel, nunca habría podido reducir una diferencia de tres minutos. Este título es para él». Volviendo a ver las imágenes del INA, uno se da cuenta de que una manga del maillot arcoíris también fue para el italiano Santambroggio, antiguo compañero de equipo de Merckx en el Molteni. Poulidor, segundo, y Martínez, tercero, aliviaron los pesares franceses.

MÉXICO 49,431 KILÓMETROS

«Eddy Merckx es como un revisor de metro.
Hace agujeritos por todas partes con un taladro,
arriesgándose a romper el cuadro de su bicicleta.
Su plato parece un trozo de queso suizo»

Robert Chapatte, exprofesional y periodista de televisión

El veinticinco de octubre de 1972, sobre el velódromo de Ciudad de México, a 2250 metros de altitud, Eddy Merckx establece un nuevo Récord de la Hora. Recorre una distancia de 49,431 kilómetros, superando en 778 metros el récord anterior del danés Ole Ritter (48,653 kilómetros, diez de octubre de 1968, Ciudad de México). La marca de su compatriota Ferdinand Bracke (48,093 kilómetros, diez de octubre de 1967, Roma) ya quedaba atrás por más de un kilómetro. La de Merckx, de 49,431 kilómetros, se mantuvo durante doce años antes de ser borrada por Francesco Moser (51,515 kilómetros, veintitrés de enero de 1984, Ciudad de México), con una bicicleta futurista que la Unión Ciclista Internacional juzgó posteriormente no adecuada, tan fuera estaba de los códigos exigidos la vanguardista máquina del italiano.

En cambio, siguiendo los pasos de Fausto Coppi, Jacques Anquetil, Ercole Baldini, Roger Rivière o Ferdinand Bracke y Ole Ritter, quienes le precedieron en el podio, Eddy Merckx siempre supo que atacaría el Récord de la Hora en una bicicleta tradicional. El fabricante italiano Ernesto Colnago le proporciona una réplica exacta de su bicicleta de carretera, expuesta hoy en la estación de metro de Bruselas que lleva su nombre. Los ángulos del cuadro, la inclinación de las horquillas, la tija del sillín, la forma de la potencia... todo es idéntico al milímetro. Solo las ruedas ultraligeras de veintiocho radios, equipadas con tubulares de seda muy finos de noventa gramos, son diferentes. El piñón fijo elegido tiene 14 dientes para un plato delantero de 52 dientes. Cada pedalada lo hace avanzar siete metros y noventa y tres centímetros.

Los problemas de espalda del tetracampeón del Tour de Francia son conocidos por todos desde hace mucho tiempo. ¿Quién no le ha visto sacar su propia llave del bolsillo del maillot para ajustar la tija mientras pedaleaba? También ganó fama de ser un hacha en mecánica, realizando sus propias pruebas para aligerar cuadros y comprobar su rigidez. Tenía unos cincuenta en su taller y se llevaba una docena a las Grandes Vueltas. A Robert Chapatte, antiguo profesional, cinco participaciones en el Tour de Francia, devenido periodista de televisión, le hacía gracia. En el diario *L'Aurore*, declaró: «Eddy Merckx es igual a un revisor de metro. Hace agujeritos por todas partes con un taladro, arriesgándose a romper el cuadro de su bicicleta. Hace lo mismo en el pedalier. Su plato parece un trozo de queso suizo».

La temporada 1972, su segunda con el maillot Molteni, toca a su fin y la cosecha es abundante: el doblete Giro-Tour de Francia, Milán-San Remo, Lieja-Bastoña-Lieja, el Giro de Lombardía, así como Het Volk y Flecha Valona. Es una de las más laureadas desde su debut hace ocho años. Su relación entre victorias y días de carrera resulta fenomenal: 50/129, es decir, algo más de una victoria cada tres días. Su deseo de conquistar el Récord de la Hora, de seguir los pasos de Coppi y Anquetil, se va haciendo más y más preciso. El treinta y uno de agosto, tras ganar una kermés en Rummen, declaró al periodista Willem Wijnendaele: «He terminado el Giro y el Tour sin agotar mis reservas. Mis sensaciones y mis piernas son buenas. Creo que estoy preparado». Una de las características de los grandes corredores es que llevan consigo la necesidad de medirse todo el tiempo y en todas partes. Siempre más alto, siempre más fuerte. Parece que a Eddy Merckx le gustan los retos imposibles, por eso irá a Ciudad de México, en altitud, donde el oxígeno del aire es más escaso y reduce el coeficiente de resistencia en aproximadamente una quinta parte.

Sabe que este duelo contra el cronómetro tiene lugar ante los ojos del mundo, y no solo del mundo del ciclismo, que espera el resultado con una impaciencia apasionada. Merckx es ahora el campeón consagrado, pero un fracaso puede socavar su legitimidad. Al final de una temporada pasada haciendo malabarismos con aviones, trenes, horas en el coche y alguna que otra comida en condiciones (porque le encanta la buena mesa) de un país a otro, de una clásica a una Gran Vuelta, de una kermés a un critérium, el riesgo de un desafío de más existe. La adaptación a la altitud es la otra incógnita, y es grande. Su compatriota Ferdinand Bracke, que estableció el récord en Roma en 1967 (48,093 kilómetros), lo experimentó en carne propia. El antiguo campeón belga Pino Cerami, quien lo entrenó, afirmaba que el doble campeón del mundo de persecución, un pedaleo de seda por su manera de acariciar los pedales, era «el campeón del mundo sobre las líneas rectas, nadie podía competir con él». Sin embargo, su fracaso en Ciudad de México fue estrepitoso. Versión del interesado: «De todos los plusmarquistas horarios, yo era el que más hacía girar las piernas. Mi *souplesse*[58] en piñón fijo era mi mejor baza. Cuando, en 1969, decidí enfrentarme de nuevo al Récord, acababa de ser Campeón del Mundo de persecución por segunda vez y en los Seis Días pertenecía al primer círculo de ases. Arrebatar el Récord a Ritter estaba dentro de mis posibilidades. Así que lo intenté en Ciudad de México, pero fui de la misma manera que a Roma, sin ninguna preparación. Y cuando llegué allí, incluso después de quince días, a los diez kilómetros me daba contra un muro. Tenía los labios azules, me asfixiaba. Hice dos intentos, ambos idénticos, y en el duodécimo kilómetro me había quedado sin oxígeno. Los

[58] Capacidad para pedalear con mucha cadencia sin cambiar el gesto. Anquetil es el ejemplo ideal de souplesse. N. del T.

franceses Daniel Rebillard, campeón olímpico de persecución en 1968 en esta misma pista, y Bernard Darmet, estaban allí al mismo tiempo que yo. Se enfrentaron al Récord de la Hora para aficionados. Fracasaron por las mismas razones. Cincuenta años después, a veces pienso en ello. Lamento no haber recibido un mayor apoyo de Peugeot, mi equipo. Con un programa adecuado y un entrenamiento especial, podría haberlo conseguido, pero para ellos la bici era un trasto. Todo su presupuesto se destinaba a sus proyectos de F1 y a los rallyes. Después de ganar la Vuelta a España en 1971, mi salario mensual era de 3500 francos (530 euros). En 1978, cuando ya no servía para nada, en Old Lord Splendor, mi último patrocinador, que era una marca de *whisky*, había multiplicado mi salario por tres, solo con las kermeses y los Seis Días».

Merckx no comete el mismo error en su preparación para la altitud. Fue óptima. Durante el mes de octubre sigue un programa ideado por el profesor Petit, de la Universidad de Lieja, que le hace llegar treinta botellas de oxígeno especialmente dosificadas como si contuvieran aire de México. Seis veces al día, con una máscara respiratoria conectada a las botellas, se sube a un rodillo, pedalea durante treinta minutos y hace un esprint de un minuto cada cinco minutos. Un cardiólogo le controla el pulso a diario. Tras las pruebas realizadas en la pista del velódromo de Gante, el periódico *Het Volk* publica los siguientes datos: «Durante su esfuerzo, Merckx está equipado con un telecardiograma que permite al especialista situado a un lado de la pista seguir la evolución de su ritmo cardíaco. A cincuenta y cinco kilómetros por hora su frecuencia cardiaca no supera las ciento cuarenta pulsaciones por minuto». Otras pruebas realizadas por el profesor Ceretelli, de la Universidad de Milán, pusieron de relieve su enorme capacidad respiratoria: en una persona normal es de 4,5 litros, en Coppi era de 6,8 litros y en Merckx es de 8,1 litros. Esto redunda en una increíble capacidad para eliminar el ácido láctico producido por las células musculares, gracias a una reacción orgánica simultánea. De ahí su excepcional capacidad para prolongar esfuerzos violentos. Sus piernas también son excelentes. En el transcurso del mes de octubre, con cuatro días de diferencia, gana el Giro de Lombardía (más tarde fue descalificado por un positivo) y el Trofeo Baracchi, una contrarreloj de cien kilómetros, con Roger Swerts.

Todo parece dispuesto para que Ciudad de México le convirtiera en un nuevo conquistador, fortalecido con la máxima inoxidable: iré, veré, venceré. La delegación belga aterriza en Benito-Juárez, el aeropuerto internacional de Ciudad de México, el sábado veintiuno de octubre. El intento se realiza el miércoles veinticinco a las 8.45 horas. Hasta que llega el momento, Merckx observa que el viento se levanta a partir de las diez de la mañana y que el rocío matinal hace que la pista esté resbaladiza. Martes veinticuatro, lluvia. Se cancela el entrenamiento en el anillo olímpico. Realiza una larga salida por el autódromo, detrás de la moto conducida por su buen amigo y confidente Guillaume Michiels, conocido como *le Tombeau*[59]. El día veinticinco, una vez seca la pista, sale para intentar batir el récord de los veinte kilómetros. «Si estoy bien, seguiré». Y encadena vuelta tras vuelta sobre la pista. Al pasar por el kilómetro treinta le dice a Giorgio Albani, su director deportivo: «Estoy muerto». Albani ríe por lo bajo: «Nunca he visto a un muerto rodar a cincuenta y cinco kilómetros por hora». Merckx, que lleva un buzo con costuras rugosas, sufre en el sillín. Su herida tardará meses en cicatrizar. En las curvas, la fuerza centrífuga comprime su circulación sanguínea. Pierde terreno. La barrera de los cincuenta kilómetros no será franqueada, pero se convierte en el nuevo plusmarquista de la hora. «La hora más larga de mi vida». Pero una hora estelar. Después de Coppi, después de Anquetil, después de Baldini, «monstruos sagrados» de otra época, la Historia no podía ofrecer un símbolo más grandioso.

[59] La Tumba. N. del T.

ADVERSARIOS

Si hasta entonces existía un equilibrio de «Mundos» entre clasicómanos y vueltómanos, a partir de Merckx no había más que Merckx por todas partes. Durante los años 70, nadie escapa a Eddy Merckx, y, como dejó su huella indeleble en su época, podría decirse también que fue importante para quienes no lo amaban.

A continuación, una serie de retratos de algunos de sus «enemigos íntimos», a veces vencedores, a menudo derrotados. Ellos son el cemento de mi investigación. Sus historias, contadas cincuenta años después, reviven bajo una nueva luz, con un tono novedoso, detalles olvidados y siempre emocionantes. Muestran hasta qué punto el ciclismo de los años setenta, en lo que podemos calificar como una década milagrosa, era diferente. La categoría «Grandes Vueltas» no incluye a Bernard Thévenet, Felice Gimondi, Luis Ocaña, Lucien Van Impe, José Manuel Fuente, Herman Van Springel o Ferdinand Bracke, todos ellos tratados en otra parte. Tampoco Gianni Motta, Roger Rosiers, André Dierickx, Francesco Moser y Cyrille Guimard figuran entre los «clasicómanos» por la misma razón. De calidad variable todos ellos han ganado algunas batallas épicas y forman parte de la historia del ciclismo. Sin ellos, Merckx no habría sido del todo Merckx.

Roger de Vlaeminck

«Soy el único al que Merckx pidió que le dejara ganar»

Un lunes de marzo, año 2024. En Kaprijke, en el distrito de Eeklo, la primavera está a la vuelta de la esquina. La casa de Roger De Vlaeminck está plantada allí, en medio de campos fértiles, en un pedazo de Flandes Oriental, al final de una calle interminable, la Heinestraat, que serpentea hacia un horizonte de colinas y de prados. Dijo la una de la tarde para la cita, «porque saldré con la bici por la mañana». Su biotopo es inmutable. Desde que abandonó la carretera y el ciclocrós en 1988, a los cuarenta y un años, nunca ha dejado de montar en bicicleta. Veinte años desde su retirada, once Monumentos en sus alforjas, el Gitano (porque su madre tiene auténtica sangre gitana) siempre fue considerado como un adversario irreductible de Eddy Merckx. Con una sonrisa irónica y ojo avizor, afirma: «Soy el que más veces le ha ganado, y estoy orgulloso de ello. Yo era seguidor de Rik Van Looy, lo que me daba más motivos para querer ganarle. Todos los que se han enfrentado a Merckx, un día u otro, han agachado la cabeza. Todos menos nosotros, Erik, mi hermano, y yo».

Sigue con su uniforme de bici, chaqueta negra, culote corto negro y amarillo, se disculpa por llegar tarde, da detalles sobre su velocidad media del día, 23,2 kilómetros por hora, y se pone ropa seca tendida junto a la estufa. Su déficit con el francés, sin sintaxis, no importa. Lo que cuenta es la emoción, y charlar con una *Leyenda*, un semidiós de Flandes, que te sirve un café, «¿con azúcar?», y te ofrece un segundo,un momento pleno de emoción. La conversación es franca. «Soy la primera persona que ha ganado cuatro París-Roubaix. No sé si ha habido una concurrencia más feroz desde entonces. Éramos unos diez que podíamos ganar cualquier clásica, cada uno más feroz que el anterior». ¿Qué es lo más importante en este trabajo? «Tener nervios sólidos y carácter fuerte». Los suyos están templados con acero. Se baja un momento de la bici para darnos una idea: «Cuando empecé, jugaba al fútbol como extremo izquierdo en el FC Eeklo Meetjesland, de la 3ª División. Estaba más o menos en la escuela, tenía dieciséis años, todo el mundo decía que poseía talento y que haría carrera. Un día, después de un partido importante contra el Saint-Niklaas, el Doctor Léon, el presidente, entró en el vestuario para entregar las primas del partido a cada uno de los jugadores. Cuando pasó a mi lado, ni siquiera me miró. Así que le llamé y le dije: Mírame bien, porque es la última vez que me ves. Y me subí a la bici, como Erik, que tenía dos años más que yo y ya andaba muy bien».

Tiene el mentón un poco hundido, pero sigue recto, seco y bien afeitado. Se levanta a las siete de la mañana. Una vida llena de triunfos que podría dibujarse como un mapa con puntos y caminos de colores para sus doscientos cincuenta y nueve éxitos en la carretera. En 1968, el potencial de este futuro *crack* llegó a oídos de Eddy Merckx, líder del nuevo equipo Faema. De Vlaeminck, de veintiún años, estaba a punto de ganar el Tour de Bélgica aficionado, cuando un asistente le advirtió de que iba a recibir visitas: «Vi acercarse a Merckx y a sus chicos cuando volvían de una salida de entrenamiento. Fue una conversación breve. Merckx me preguntó: ¿Quieres correr para mí el año que viene? Le respondí amablemente: No solo no voy a correr para ti, sino que voy a correr contra ti».

Fue el comienzo de una larga rivalidad que el Gitano describe como «sin piedad, pero siempre correcta. Nunca una mala palabra, aunque de vez en cuando nos peleábamos. De hecho, al principio, ni siquiera nos cruzábamos la palabra». Primera carrera profesional en 1969, y gana la Het Volk de forma aplastante, por delante de todos los grandes, Merckx, Sercu, Leman, Rosiers, Van Springel, Verbeeck y otros. «El día anterior todavía estaba corriendo un ciclocrós en Bera de Bidasoa, en el País Vasco español». El primer Monumento llega la temporada siguiente con la Lieja-Bastoña-Lieja, cuya legalidad Merckx ha discutido durante mucho tiempo, a causa de la historia en el túnel de Rocourt antes de entrar al velódromo. De sus tres Milán-San Remo (1973, 1978, 1979), fue sin duda la primera la que mejor recuerdo dejó a De Vlaeminck: «La víspera, Giorgio Perfetti, el jefe del Brooklyn, mi nuevo equipo, nos llevó a visitar su fábrica de chicles. En el aparcamiento había un Ferrari tan azul como el mar Caribe. Paseo a su alrededor, acaricio la carrocería. El jefe, que me llama Ruggero, me dice: ¿Te gusta? Es tuyo si ganas mañana la Milán-San Remo. El lunes por la mañana salgo de nuevo al volante del Ferrari azul tan deprisa que me voy sin los papeles». Al final de sus brazos interminables juguetea con su teléfono, hace pasar las fotos mientras habla, amplía una y pregunta: «¿Le conoces?». Cabellera negra y espesa, rostro de serafín y picardía en los ojos. Jean- Pierre Monséré, alias Jempi, su gran amigo. Murió en una carrera, casi ante sus propios ojos. La pena de Bélgica[60]. Inmersión brutal en los recuerdos: «Con él, la vida era diversión. Qué de cosas grandes hicimos juntos...». El silencio que sigue es interminable. Él es el primero en retomar la conversación: «¿Sabes cuántos kilómetros hice tres días antes de De Ronde o de la París-Roubaix con el fin de prepararme para la lucha?». Sin esperar respuesta. «Tres días antes me obligué a recorrer trescientos ochenta kilómetros. A los doscientos sesenta kilómetros de Gante-Wevelgem, añadí ciento veinte kilómetros tras moto». Al igual que Rik Van Looy y Eddy Merckx, el Gitano ganó los cinco Monumentos del calendario, con especial predilección por la París-Roubaix, «sobre todo cuando Merckx iba segundo detrás de mí».

En el estado civil de las clásicas, los nombres de Roger De Vlaeminck y París-Roubaix están unidos para bien: cuatro victorias, cuatro veces segundo, una vez tercero y un solo pinchazo en catorce participaciones, recorriendo un total de tres mil setecientos kilómetros de carreteras bacheadas y adoquinadas. Detrás de este detalle se esconde el cuidado patológico que puso en pulir sus tubulares, marca Clément, de seda, de veintiséis milímetros de sección en la rueda delantera, para mejor amortiguar los golpes. Los hacía pasar varios años secándose en la oscuridad, antes de ser pegados e inflados, pero no demasiado, con helio porque es más ligero. Estaban listos para entrar en *L'Enfer du Nord*. Busto hori-

[60] Referencia a la novela de Hugo Claus. N. del T.

zontal, espalda inmóvil, codos en escuadra, muñecas rotas, encarnaba la perfección sobre una bici. Poseía una intuición divina del terreno, una fluidez de reptil, atribuida a sus dotes de funambulista aficionado cuando, de adolescente, giraba con su bicicleta entre sillas y mesas, y bajaba las escaleras sin poner un pie en el suelo para concluir su número. A veces, para ganar apuestas, ponía sus ruedas en las vías del tranvía, de un *bistró* a otro, y las rondas se sucedían. En aquellos infames adoquines del Infierno del Norte parecía haberse caído de una pasarela de Saint Laurent, Dior o Balenciaga, tal era su encanto y elegancia. En un estilo *celiniano* y más *rock&roll*, Philippe Bordas, en su sublime libro *Forcenés*, le ve como un «Keith Richards con patillas, que toca de espaldas al público y no le importa nada». A continuación, habla de sus desarrollos: «El Gitano utilizaba los cinco primeros piñones, nunca el último; Keith también se había librado de esa puta sexta cuerda». Su secreto para detectar las trampas ocultas bajo los charcos furtivos y elegir la mejor trayectoria sobre los adoquines reside en sus raíces, que se encuentran en la práctica asidua del ciclocrós: «No hay mejor escuela que el ciclocrós para trabajar los reflejos, el equilibrio, la habilidad y la prolongación de un esfuerzo extremo. Gané ciento doce de ciento ochenta a lo largo de mi carrera, incluidos dos títulos de campeón del mundo, tanto *amateur* como profesional».

Eddy Merckx nunca pudo ganar la cuarta estrella en la París-Roubaix, pero De Vlaeminck sabe que la comparación se acaba ahí: «Una Gran Vuelta de tres semanas era demasiado larga para mí, y Merckx demasiado superior. No creo que volvamos a ver otro como él. Era diez veces más que el mejor segundo. En cambio, en una carrera por etapas de ocho días me sentía muy cómodo y podía competir con cualquiera, incluso con el gran Merckx. Lo demostré ganando seis veces la Tirreno-Adriático y una la Vuelta a Suiza». Se anima, le brillan los ojos: «Aquella Vuelta a Suiza de 1975, no te lo vas a creer, es mi mejor recuerdo, por encima de París-Roubaix, Milán-San Remo y todas las demás. El último día vencí a Merckx tres veces: en el esprint del sector de la mañana, en la contrarreloj de la tarde y en la clasificación general final, donde terminó segundo por un minuto». Hacía tiempo que los dos hombres habían dejado a un lado sus egos y se apreciaban. De Vlaeminck no puede resistirse a otra confidencia: «Aquel año, en Suiza, lo había ganado absolutamente todo desde el principio, cuando Eddy vino a verme el penúltimo día y me dijo: 'Roger, podrías al menos dejarme ganar una', e hicimos primero y segundo en el orden que él quiso. No sé si hoy apreciamos plenamente el alcance de este enfoque: soy la única persona a la que Merckx pidió que le dejara ganar. Lo hice sin calcular y de buena gana, pero podría haber dicho que no. Porque dos años antes, al final del Trofeo Laigueglia, el debut de Brooklyn en el pelotón, el jefe se me acercó y me dijo: 'Pregúntale a Merckx si puedes ganar, sería una buena publicidad para empezar'. Le planteé la pregunta a Eddy, que respondió: 'Ok, está bien. En la meta, primero Merckx, segundo De Vlaeminck'».

Para subrayar los lazos de amistad que unen ahora a estos dos inmensos campeones, hay otra anécdota extravagante: «Todavía en esta Vuelta a Suiza 75, estábamos los dos en el control antidopaje. Paso primero y espero a que terminase para ir al hotel. Al cabo de un rato, Eddy me dice: No puedo orinar, no lo consigo. ¿Te queda un poco? Esperé a que el médico estuviera ocupado y oriné por él. ¿Cómo se llama eso? Para mí, es el signo más hermoso de confianza». Finales de 1977, Merckx ha iniciado el descenso hacia el final de su carrera. Antes de la salida de un critérium en Francia, el cinco veces ganador del Tour, con cara de preocupación, se dirigió a De Vlaeminck: «Dime, Roger, no me vas a dejar tirado en la primera curva, ¿verdad?». Respuesta del Gitano: «Eddy, eres el Señor Merckx, no tienes nada que temer. Y se quedó a mi rueda».

Diez años más tarde, cuando el demonio del ciclismo saca a De Vlaeminck de su retiro para pasar otros dos años suplementarios en el tajo, la única persona que creerá en él y liberará presupuesto y material se llama Eddy Merckx. No hizo falta preguntarle por qué, cuando nació su hijo, el Gitano decidió que se llamaría «Eddi», con una vocal en lugar de una consonante al final del nombre, «para marcar un poco la diferencia». Juega al fútbol, como él cuando empezó. Un gran señor, un gitano para toda la eternidad, una raza antigua como ya no se ve, si yo hubiera tenido una corona a mano se la habría puesto en la cabeza. Mientras nos acompañaba hasta la salida, entre los saltos y ladridos de sus dos border collie, Bats y Vina, Monsieur Paris-Roubaix susurra al oído de Robert Janssens, que me hace de intérprete cuando las palabras no salen en francés: «Sabes, Robert, que es un honor para mí haber repasado toda mi carrera con un periodista como tú».

Freddy Maertens

«Montjuic 1973 tuvo una consecuencia terrible para mí: estuve enfadado con Merckx durante treinta años. En 2004, en una reunión de antiguos corredores en la región francesa de Beaujolais, tuvimos una charla sincera. Nos llevó horas, pero hicimos las paces. Prometimos no volver a hablar de ello en público»

Entre Eddy, el mayor, y Freddy, siete años menor, casi una generación de diferencia, hay una larga historia de campeonatos, ambiciones, rivalidades y colisiones históricas. Merckx ya ha ganado cuatro Tours de Francia, tres Giros y los cinco Monumentos cuando Maertens se une a las filas de los profesionales en 1973. Irrumpir sería una descripción más exacta del joven gallardo de Nieuwpoort, macizo, hombros cuadrados y fuertes muslos, que roza la gloria con la punta de sus dedos en su primer Tour de Flandes, el año de su debut. Freddy Maertens, bueno en todos los terrenos, tiene una aceleración impresionante. En cien metros puede pasar de sesenta a setenta y cinco kilómetros por hora. Y sin embargo, nunca ganó un solo Monumento en su carrera, mientras que Merckx tiene diecinueve. Maertens demostró ser un rival mucho más coriáceo que esta simple estadística. Sus doscientas treinta y tres victorias dejaron tras de sí un rastro de leyenda: dos títulos de campeón del mundo, una Vuelta a España, treinta y cinco victorias de etapa en las Grandes Vueltas, tres maillots verdes, el brillo del amarillo en el Tour (nueve días), el rosa en el Giro (cinco días), el Gran Premio de las Naciones, París-Tours y un montón de podios, todo ello suma una enorme madeja. Una carrera de granito.

La historia de este prodigio, contada cientos de veces, a menudo romantizada, donde hacia el final se entremezclan el pesimismo de una condición social tambaleante e insuperables problemas con el dinero, el alcohol y la depresión, tiene todos los ingredientes de una novela negra. Pero el campeón caído, que ha engordado veinte kilos, resiste a todo en la tempestad, a diferencia de su amigo y compañero Marc Demeyer, ganador de la París-Roubaix 1976, que acabó colgándose del extremo de una cuerda. Freddy mantiene el rumbo porque tiene un ángel de la guarda en esta avalancha de basura... Carine, su mujer, su alma, su ancla, su roca, que le ha salvado de todos los males, le ha devuelto su honor y su dignidad. Una colosal historia de amor entre estas dos personas, que se han apoyado mutuamente durante cincuenta años.

En Bertem-Rumbeke, Flandes Occidental, su última casa se abre a una pequeña carretera rural. Los álamos se inclinan bajo la fuerza del viento del norte, la lluvia amenaza y el verano se hace esperar. El encuentro con el hombre que, para Merckx, fue un rival irreductible, infatigable y duro durante cinco temporadas, de 1973 a 1977, era más necesario que cualquier otro. El apretón de manos es franco y la sonrisa del «Ángel» cálida. Sentado de espaldas a su retrato con el maillot arco iris, pintado a espátula por el artista español Miguel Soro, Maertens va directo al grano: «¿Merckx? El más grande que he conocido, el más grande de todos. No había otro. Con él, la táctica era sencilla, estar a su rueda, o, si no, peligro». La naturaleza no se mostró generosa en su nacimiento con el hijo de Simone y Gilbert. A lo largo de su primer año apenas pudo retener alimento. Cada vez estaba más débil y los médicos no encontraban solución. Meses de angustia, de fiebre. «Hasta el día en que alguien habló a mis padres de un manantial milagroso cerca de Veurne. Mi padre traía bidones enteros para mis biberones y, más tarde, para cocinar mi comida. A partir de entonces, todos mis problemas desaparecieron y una nueva vida empezó». ¿Bendecido por los dioses, Maertens? El destino no fue ingrato. En mayo de 1979, incapaz de sujetar el manillar por un grave problema en el codo que nadie pudo solucionar, fue a ver a un especialista a Filadelfia. La ruta del DC-10 era Ámsterdam-Nueva York-Chicago. Durante el vuelo, Maertens señaló a su médico que «un motor del ala hace un ruido raro». Al aterrizar en Nueva York, Maertens y el médico cambiaron de dirección, y el DC-10 volvió a partir hacia Chicago. Explotó al despegar. Hubo doscientos setenta y un muertos.

Por su físico, Maertens es un hombre robusto y fuerte que no tenía problemas para mantener su posición sobre los adoquines. Su habilidad y fuerza se remontan a mucho tiempo atrás. Criado por su padre, a los trece años ya era repartidor de periódicos, cargando veinte kilos, a veces treinta, de revistas y periódicos en su portaequipajes. En temporada estival, pedalea durante horas en la arena para servir a los campings de la costa. Por la tarde, toca entrenar. Su compañero de ruta se llama Michel Pollentier. Se hicieron inseparables. Su padre supervisa todo. A los dieciséis años, Freddy tenía que estar en casa a las ocho o era castigado. Ningún amorío se tolera. «Un día me pilló de la mano con una chica y, enfadado, me serró el cuadro de la bici». Llovieron los ramos de flores. «Le debo una gran parte a Louis Bouvé, el hombre sobre la moto, mi fiel entrenador. Siempre puntual, hiciera el tiempo que hiciera. Había veces que ni siquiera podía bajarse de la máquina por el frío que había sufrido». El resto está escrito por Guillaume Driessens, conocido como «Lomme», su director deportivo en Flandria, un personaje sulfuroso, pícaro, oportunista y bocazas al que Merckx no apreciaba. Maertens corrige: «Sí, pero astuto y buen estratega. Fue el responsable de la victoria de Demeyer en la París-Roubaix 76. Solo había un coche detrás de la escapada, el suyo. Bloqueó a todos los demás directores de equipo. Yo me había caído y ya estaba en el hospital cuando se acercó a Moser, De Vlaeminck y Kuiper y le gritó a Demeyer: «¡No releves más, Marc! Maertens está a punto de cogeros. ¡Está a treinta segundos! Y durante cuarenta kilómetros, Demeyer descansó, al abrigo de las ruedas».

Los fantasmas vuelven naturalmente a sus recuerdos. Paul Claeys, el jefe de Flandria, le atormentó durante mucho tiempo. «Me hacía correr toda la temporada. Un año corrí doscientos diez días. Era tiránico con los ciclistas. La noche de mi victoria en las Naciones de 1976, en Angers, me hizo viajar toda la madrugada para estar al día siguiente a las once de la mañana en la salida de una kermés en Oostrozebeke. En otra ocasión, me obligó a correr con una fractura en el brazo, lo que no me impidió ganar. Mi padre tenía un negocio de bicicletas Flandria, así que estábamos en deuda con él. Flandria fue el mayor error de mi carrera. Fue la tienda de mi padre contra mi firma, a pesar de que mi contrato estaba listo en Italia con Scic por casi el doble de dinero». Su voz interpreta los tormentos íntimos y el *blues* de los años setenta.

Y la vida continúa en sus recuerdos. No niega su pasión por las carreras donde existen las picardías, y esta sigue muy viva. Giro de Lombardía, año 1974. En el tramo final está delante, escapado, pero siente que debe comer para no entrar en pájara, así que baja a su coche a por avituallamiento. Briek Schotte iba al volante: «¡Pásame una bolsa!, pero Schotte tuvo hambre y se lo había comido todo. Me quedé clavado. Incapaz de seguir, tuve que abandonar». Lieja-Bastoña-Lieja, año 1976. «En el final, Bruyère, compañero de equipo de Merckx, y Van Springel, con el maillot de Flandria como yo, se escaparon. Yo estaba a menos de un minuto. Salvo incidente, sé que voy a ganar. Van Springel no puede relevar, es mi compañero de equipo y voy a cerrar el hueco. Pero lo que no sé es que Van Springel le ha vendido la carrera a Bruyère, y va a tope sin escatimar nada. Los capturé para morir a una bici de Bruyère». El Tour de Flandes, año 1977, en el Koppenberg, se autoriza un cambio de bicicleta. «Cogí una bicicleta nueva veinte metros antes de la línea fijada para ello y fui descalificado, pero al mismo tiempo me escapé con De Vlaeminck, que me dijo que aún no había ganado esta temporada, y que si yo quería por 300 000 francos belgas (7435 euros)... Trato hecho. Veo que no tiene buenas piernas, y si no tiro se acabó, nos pillarán. Así que lo hice todo yo. Pedaleé a fondo durante ochenta kilómetros y él ganó. Nos volvimos a ver más tarde y me dio 150 000 francos suizos, que repartí en tres partes con Pollentier y Demeyer. El resto vendrá después, me dijo. Pasó casi un año y nada. Un día fui a verlo y me dijo fríamente: ¿De qué me estás hablando?, no hablamos de dinero. Podía comportarse así, De Vlaeminck. Gran corredor, pero un hombre muy pequeño».

Sus maillots de campeón del mundo en 1976 y 1981 aún huelen a sudor, esfuerzo y angustia, y más aún los que se le escaparon en 1973 y 1974. Conmovido hasta la médula, confiesa: «Montjuic 1973 tuvo una consecuencia terrible para mí: estuve enemistado con Merckx treinta años. En 2004, en una reunión de veteranos organizada por Paulo Cinquin en la región del Beaujolais, tuvimos una charla sincera. Nos llevó horas, pero hicimos las paces y prometimos no volver a hablar de ello en público». Montreal 1974, la ilustración del lado sucio del ciclismo, quizás le sacudió aún más: «Durante la carrera, Jeff D'Hondt, mi asistente, abandonó el *box* para ir a por un bocadillo. En su ausencia, otro asistente belga, Gus Naessens, aprovechó para echar unas gotas en mi bidón, que bebí tranquilamente cuando D'Hondt me lo entregó. Diez minutos más tarde tuve que detenerme a un lado de la carretera, estaba literalmente agotado, mis piernas apenas podían sostenerme y me di por vencido. Años más tarde, Naessens estaba a punto de firmar un contrato como asistente en el Flandria. Le miré a los ojos y le dije: 'Se rumorea que eres tú el de Montreal. Antes de firmar, quiero que me digas la verdad. ¿Pusiste o no pusiste gotas en mi bidón?'. Y lo confesó todo. Soy humano y soy un buen tipo, él estaba en la calle y necesitaba trabajo, así que borrón y cuenta nueva». Ostuni 1976 le devolvió la sonrisa. «Apenas hablamos, pero, cuando Merckx dio su palabra, fue en serio y trabajó para mí para que ganase». No puede contener una sonrisa pícara: «Estábamos los dos solos, Moser y yo, en la recta final y sabía que iba a negociar porque no tenía ninguna posibilidad en el esprint. ¡Nueve millones para ti si gano! Le he ahorrado algo de dinero».

Jan Janssen

«Yo era su adversario, él me tomó por su enemigo»

En Kapellen, la calle Oosthoevestraat, llena de vegetación, es inusual porque es mitad Bélgica y mitad Países Bajos. En el lado norte, las casas están en territorio holandés; en el lado sur, en territorio belga. Jan Janssen, vencedor de la París-Roubaix 1967, la Vuelta a España del mismo año y el Tour de Francia 1968, puede ser holandés, pero se ha instalado en Bélgica a sus ochenta y cinco años. Sus compatriotas y vecinos Erik Breukink (antiguo maillot amarillo del Tour 89), y Adrie Van Der Poel (Vuelta a Flandes 1986, Lieja-Bastoña-Lieja 1988, y padre de Mathieu) están del otro lado. Profesional de 1962 a 1972, Jan Janssen tuvo varios roces con Eddy Merckx, como recuerda con una palabrota en los labios: «Joder, sí, me hizo sufrir encima de una bicicleta, pero ¿quién no ha tenido un encontronazo con él?». Y sin más preámbulos: «Eddy y yo nunca hemos sido grandes amigos. Yo era su adversario y él me tomó por su enemigo. Siempre tuvo problemas con los corredores holandeses».

Lo que tienen en común es que fueron campeones del mundo el mismo año, 1964, en Sallanches: Eddy en categoría *amateur*, Jan en categoría profesional, y eso es todo. Todo lo demás es un caso de *je t'aime, moi non plus*[61]. Ejemplo: «No lo voy a negar, Merckx es un gran campeón, el más grande de su época, pero tenía a los mejores corredores de su equipo a su servicio. Bruyère, Van Den Bossche y Huysmans eran con frecuencia más fuertes que él. Y creo que no estaban bien pagados». Otro ejemplo: «¿Alguna vez le has visto reír en un podio? Yo jamás. A quien me encuentre la foto, le invito a comer».

La música de fondo ochentera es perfecta para crear ambiente. Justo cuando Jan Janssen reparte *expressos* a sus amigos, Bennie

[61] Literalmente «Te amo... Yo tampoco». Referencia a la canción de Serge Gainsbourg. N. del T.

Ceulen, también exprofesional, y Pascal Sergent, el historiador de la París-Roubaix, Richard Cocciante cogió un *Coup de Soleil* y, durante la pausa, cuando habla distraídamente de una «carpa de quince kilos que vive en el fondo del estanque, que se puede ver allí, a través del ventanal, junto a la camelia», Charlebois promete que «volvería a Montreal para casarse en invierno». De sus años en Pelforth-Sauvage-Lejeune (1962) y Bic (1963-1968), siempre hay una perla que rescatar: «Compartía la concepción del ciclismo de Jacques Anquetil, que amaba la buena mesa y el champán. Amaba vivir. Eso no le impidió ganar cinco Tours de Francia. En plena temporada, a veces nos íbamos de juerga. Éramos adversarios y cómplices al mismo tiempo». La «mayor alegría» de Janssen es «haber conocido tipos formidables, algunos de los cuales se han convertido en mis mejores amigos. Con Roger Rosiers, que a menudo tuvo que valerse por sí mismo, como yo, en las clásicas, incluida su París-Roubaix de 1971, ya llevamos cincuenta años». Refiriéndose al final de su carrera: «Cuando Flandria me echó en 1972, olvidándose de pagarme, yo estaba agotado, exprimido como un limón. Cuántas veces me fui directamente a la cama después de una etapa. Corríamos todo el tiempo, de febrero a octubre, y después de la temporada de carretera, seguía con los Seis Días. Un año corrí más de ciento ochenta jornadas».

A lo largo de doce temporadas, Jan Janssen hace malabares con sus recuerdos, cuando, de repente, todo se embala y, con la París-Roubaix de 1967, pasamos a lo duro. Eso fue hace casi sesenta años, pero para él, ganador aquel año, siempre será ayer. Con un gesto del mentón en dirección al trofeo del adoquín, símbolo de su éxito, esto es lo que queda en su memoria: «Éramos unos diez luchando por la victoria a la entrada de la ciudad de Roubaix. Ya nadie tenía fuerzas para atacar. Todos sabemos que se va a jugar en un esprint. Van Looy, Altig, Willy Planckaert, Sels, Motta, De Cabooter, Poulidor y Merckx. Llegando a la pista me llevé un gran susto: mi tubular trasero está desinflado. El cálculo es claro: si subía al peralte corría el riesgo de caerme, así que tuve que agarrarme a la cuerda. No recuerdo si Altig demarró primero o lo hice yo, pero el esprint se lanzó desde lejos y gané sin problemas. El mejor esprint de mi carrera. Van Looy fue segundo. Merckx levantó el pie y termina a cincuenta metros». Fin del primer episodio. El segundo tiene lugar en una de esas reuniones de veteranos en las que la vida real se convierte en telón de fondo, ya que están muy ocupados deshaciendo su maleta de recuerdos. De allí sacan la París-Roubaix, con el tiempo, las caídas y los pinchazos como parte de la conversación. Entonces llega la recta final de la carrera de 1967. Todos están de acuerdo en que Janssen era el más fuerte aquel día, y todos lo comentaron cuando el holandés lanzó de repente una flecha venenosa a Merckx, de esas que no se olvidan en un santiamén: «Cómo puedes hablar de ese esprint, Eddy, si aquel día ni siquiera saliste en la foto». Merckx no se quedaba atrás en este juego, y también podía mostrarse cáustico. Aquí estaban de nuevo en otra reunión de viejos corredores. Ronda tras ronda de cervezas. Jan no sabe si acaba de tomarse la quinta o la sexta. Está harto y quiere irse a casa. Eddy le grita: «¡Vamos, Jan, otra!

— No, ya he bebido bastante. Voy a parar.

— Vale, ya entiendo por qué no has ganado más que un Tour de Francia».

El fuerte carácter del campeón del mundo de 1964 no solo le granjeó amigos. En el Tour de Francia de 1968, el último disputado por equipos nacionales, en el que Merckx no participó, tuvo que esperar hasta la última etapa contrarreloj para destronar a Herman Van Springel y enfundarse el maillot amarillo, que solo vistió dos días, en el podio final del 68 y en otra ocasión durante el Tour de 1966. Para lograrlo, dice que tuvo que luchar en dos frentes, «mis adversarios y mi propio director de equipo, Kees Pellenaars, que me hizo juego sucio. En una entrevista a *Vrij Nederland*, tres días antes de París, declaró que si Jan Janssen gana este Tour, entonces mi suegra tiene todas las posibilidades de ganarlo también. Estábamos en guerra. Pellenaars, que en paz descanse, era el De Muer holandés: influyente y todo para sí mismo. La diferencia era que De Muer me debía mucho dinero. Nunca vi un céntimo».

En la misma línea, su franqueza y temperamento le jugaron una mala pasada en el entorno, donde se le veía como un conspirador antiMerckx: «Lo único que hice fue decir en voz alta lo que pensaban la mayoría de los ciclistas. Pero ellos temían las represalias y yo no, y un día, en la prensa, llamé a la revuelta. ¿Por qué no unirnos y tendernos la mano? Solo así podremos hacerle frente. Nadie hizo suya la causa y en Bélgica me convertí en el corredor más impopular, hasta el punto de ser insultado y amenazado». La suspensión de Merckx, levantada a pesar de su positivo en Savona durante el Giro del 69, no hizo sino avivar su ira: «Sigo diciendo que hubo un doble rasero. Eddy dio positivo y llegó hasta el Rey de los Belgas. Y, como por casualidad, encontramos un error de procedimiento que le permitió participar en el Tour de Francia. Ese mismo año, en París-Niza, me negué a mear en el control antidopaje porque el doctor Bouteille, que era homosexual, no nos quitaba ojo y me suspendieron cuatro semanas. ¿Cree que pedí una audiencia con la Reina Juliana?». Los dos campeones se reencuentran al comienzo del Tour 69, en Roubaix, en dirección a Bélgica y luego a los Países Bajos. En Woluwé-Saint Pierre, ciudad natal de Merckx, Janssen sufre un recibimiento detestable, y va a hacer las paces con Eddy cuando el Tour partió hacia Maastricht: «Fui a ver a Merckx, que llevaba el maillot amarillo tras el éxito de Faema en la contrarreloj por equipos, y le dije que no me interesaba la clasificación general, pero me gustaría ganar la etapa que llega a mi casa, y Eddy me contestó: Sí, está bien. No hay problema. Ataco a falta de cinco kilómetros, cojo cien metros, me doy la vuelta y ¿qué veo? Van Den Bossche y Steven a fondo, persiguiéndome. Levanté el pie». Jan Janssen llegará a París cincuenta y dos minutos y cincuenta y seis segundos detrás de Eddy Merckx. La Biblia prohíbe enganchar bueyes y caballos al mismo arado. Con estos dos, no hay riesgo de que se contradiga este versículo.

Walter Godefroot

«Rik Van Steenbergen y Rik Van Looy,
no sabía si llamarlos Rik o Señor»

En 1970 las concentraciones de pretemporada son obligatorias desde hacía tiempo. Todo el pelotón está en ello. La tendencia cambia con las temporadas, pero Italia siempre está de moda. Después de Sicilia y la Costa Azul, el Lago de Garda se ha convertido en la referencia. Muchos equipos italianos han optado por prepararse en Manerbe, famosa por su clima suave y el terreno que la rodea. Walter Godefroot, que ya cuenta con una brillante tarjeta de visita, campeón de Bélgica en 1965, Lieja-Bastoña-Lieja en 1967, Vuelta a Flandes en 1968 y París-Roubaix en 1969, se enfunda el maillot de Salvarani. Felice Gimondi se fio de los consejos de su amigo y *coequipier*, Giancarlo Ferretti, que estaba impresionado por «la capacidad de sacrificio de este pequeñajo con patas gruesas». La oferta no podía llegar en mejor momento. Godefroot había sido llamado *turista* por su antiguo jefe en Flandria tras el Tour de Flandes de 1969, ganado por Eddy Merckx.

Manerbe, enero de 1970. A orillas del lago de Garda, los corredores de Salvarani vivían en el mismo hotel que los de los equipos Scic y Dreher. Eddy Merckx y su Faemino están en un hotel cercano, el Molteni de Marino Basso y el Filotex de Franco Bitossi no mucho más lejos. Y todas las noches intercambian información o se espían mutuamente. Una mañana llueve a cántaros, un auténtico diluvio, un tiempo que no deja salir ni a un perro, ni siquiera a un ciclista. La anécdota, contada muchas veces por Walter Godefroot, dejó atónitos a todos, menos a él: «A través de las grandes ventanas vemos caer la lluvia. La carretera está desierta. Caminamos en círculos, holgazaneamos por las grandes butacas, las zapatillas en la mano, listos para salir, pero sigue lloviendo mucho. Es imposible ir a rodar con este tiempo, cuando, de repente, vemos acercarse a lo lejos a un hombre en bicicleta, vestido como un pescador, plástico a la espalda, cubrezapatillas, guantes. Era Merckx. Estaba haciendo su salida sin preocuparse de la tormenta. Su fuerza de voluntad siempre le daba ventaja».

Godefroot y Merckx se hicieron profesionales el mismo año, 1965. El primero debuta en los Cuatro Días de Dunkerque, el segundo en la Flecha Valona. Tres meses más tarde, en los Campeonatos de Bélgica en Vilvoorde, Walter, hecho para el esprint, con muslos como un luchador de sumo (era capaz de romper la cadena de su bicicleta en un acelerón), gana por delante de Eddy. «Creo que nunca le he ganado en un esprint por la victoria», dijo Merckx. Godefroot, que sería uno de los pocos capaces de competir con él en el frente de las clásicas, señala que «no ocurrió muy a menudo, pero sí una vez, en 1973, en la meta de la Lieja-Bastoña-Lieja, en la pista de Rocourt», donde el podio de la *Doyenne* es el siguiente: 1° Merckx, 2° Verbeeck, 3° Godefroot. Muy diferentes por su carácter, pero también lo eran en estatus social. Merckx, de origen modesto pero acomodado, se beneficia de excelentes condiciones de entrenamiento. Godefroot, de origen obrero y padres pobres, coge el tren con su bicicleta y, rodeado de fans, va hasta la salida de las carreras. En las kermeses donde coincide con Rik Van Steenbergen y Rik Van Looy era tan discreto, estaba tan intimidado, «que no sabía si llamarlos Rik o Señor». Lo único que él y Merckx tenían en común era su incorregible deseo de ganar, exacerbado en el caso de Merckx, decidido en el de Godefroot, «salvo que yo no quería ganarlo todo, no quería ganar todo el tiempo, ese no era mi carácter». Y a veces su rivalidad toma un cariz desagradable. En 1966, en la meta de A través de Bélgica, Merckx le cierra contra las vallas y le hace caer. Será descalificado. «Lo que más me enfadó», dice Godefroot, «fue que al día siguiente la prensa calificó ese choque como un accidente de trabajo». Su cólera fue a más en 1967, en la meta de la Lieja-Bastoña-Lieja, donde el esprint se decanta a su favor: «Los periodistas escribieron un gran artículo sobre Eddy, que no era consciente del cambio en la línea de meta debido a la nieve, y un pequeño reporte sobre mí, que había ganado *La Doyenne*[62]». Aún más fuerte es el hecho de que se acusara a Merckx de estar detrás de su no selección para el Campeonato del Mundo

[62] *Dans l'ombre de Merckx,* Vansevenant.

en Heerlen, ese mismo año. Miles de aficionados se manifiestan en apoyo de Godefroot en el Critérium de Drongen. La Real Liga Belga de Ciclismo no cede, y los Campeonatos del Mundo parten sin él. Durante mucho tiempo, responsabilizó a Merckx. Hoy defiende una versión contraria: «Merckx me lo aseguró y no pongo su palabra en duda».

Antes de enterrar el hacha de guerra, durante un critérium en Francia en 1970, otras confrontaciones de alto calibre continuaron oponiéndolos. El Tour de Flandes, 1968. Godefroot, Van Looy y Sels por un lado, Merckx y Reybrouck por el otro. La presencia de Van Looy en el grupo de cabeza, enemigo jurado de Merckx, sirve a sus intereses y, en el esprint de Meerbeke, deja a Reybrouck a dos cuerpos. «Aprendí rápidamente que es bueno tener amigos en el pelotón, pero es mejor no tener enemigos[63]». París-Roubaix, año 1969. Godefroot llega escapado al velódromo. Merckx, segundo a dos minutos y treinta y nueve segundos, alega problemas intestinales a lo largo de la carrera. «Cuando me preguntan, digo en broma que gané la París-Roubaix porque Merckx estaba enfermo». Pero siempre hubo respeto entre los dos hombres. Merckx dice que le impresionó la dedicación de Godefroot a Gimondi en el Giro del 70. Godefroot levanta la mano y dice que «siempre corrí contra alguien que me ayudó superarme. Me habría culpado por haber hecho perder una carrera a Eddy». Fue Merckx quien dio el primer paso, al final de un critérium, como ocurrirá entre él y Ocaña, en vísperas de un A través de Lausana memorable donde se firmó la paz al final de una noche y muchas botellas de *whisky*. La versión atribuida a Merckx, durante y después de este famoso critérium posTour de 1970, esta vez sin *whisky*, es la siguiente: «Dime Walter, ¿cuánto tiempo vamos a estar enfurruñados? ¿Por qué no vienes a correr en mi equipo?».

La propuesta estuvo sobre la mesa durante mucho, pero nunca se materializó, y Godefroot reconocerá haber cometido el mayor error de su carrera. En su lugar, ficha por Peugeot y dice que

---

[63] *Eddy Merckx: la biographie,* Johnny Vansevenant.

«conoció a campeones y a buena gente», pero también vivió su peor recuerdo en un Tour de Francia. «En 1971, en la etapa de Orcières, pinché dos veces, y el coche de Gaston Plaud, mi jefe de equipo, que debía ayudarme, estaba en otra parte. En la meta, me eliminaron por dos segundos. Al día siguiente, en la etapa de Marsella, una quincena de corredores, entre ellos todo el equipo Kas, llegaron fuera de tiempo, pero readmitieron a todos. Tal vez yo fuera una amenaza demasiado grande para Guimard, porque estaba a solo tres puntos de su maillot verde. Si eso no es un doble rasero, que alguien me lo explique[64]».

Aunque Merckx y Godefroot iniciaron sus carreras el mismo año, 1965, Walter compitió una temporada más al final, en 1979. Con este homenaje a modo de epílogo: «Es lógico decaer cuando llegas al final de la carrera. Pero en términos de carácter, incluso al final, Merckx seguía siendo imbatible. Su última victoria en la Milán-San Remo, en 1976, solo podía haberla conseguido él».

Frans Verbeeck

«Mi primera Omloop Het Volk, en 1970, resumió toda mi vida. A las cinco de la mañana, salí a repartir leche, mantequilla y nata a las panaderías... Me comí dos bocadillos de jamón y mantequilla al volante del coche... Corrí toda la carrera en punta... En el esprint, Rosiers y Dierickx no tuvieron ninguna oportunidad»

Cuántas veces, desde que empecé este relato de los años de Merckx, he oído esta frase: «Se puede ser un enorme ciclista, un campeón, sin ser un excelente corredor. Solo una victoria en un Monumento abre la puerta del Panteón». Esta teoría es falsa. Frans Verbeeck nunca ha ganado uno de los cinco Monumentos del

[64] Dans l'ombre d'Eddy Merckx, Johny Vansevenant.

calendario, pero es monumental. Entre 1970 y 1977 subió al podio ocho veces en los cuarenta y dos Monumentos que disputó y, si ampliamos el campo a las clásicas durante el mismo periodo, aparece cincuenta y seis veces en un *top ten*. Si no hubiera estado precedido por algunos apodos bien peculiares, sus adversarios podrían haberle puesto *Le Forçat*[65]. Pero para todos los demás, Frans Verbeeck seguirá siendo Sopa y más tarde se convertiría en el Lechero de Wilsele.

Un sábado de junio en Wezemaal, en el Brabante flamenco, al norte de Lovaina. Verbeeck fabrica allí su «mantequilla», pero ya no en una lechería. Eso fue antes, en otra vida. Su reconversión, la ha orientado a la industria de la ropa deportiva, en sociedad con su hijo Marc. Juntos fundaron Vermarc, la primera sílaba de Verbeeck añadida al nombre de pila del hijo. Hoy, su empresa es líder del mercado belga por delante de todos los fabricantes internacionales de equipamiento, y viste a la mitad del pelotón profesional, los equipos de fútbol y la liga belga francófona de atletismo. En un tono ligeramente solemne, afirma: «Merckx fue un gran corredor, y un gran caballero. Para empezar mi negocio me puso en contacto con todos sus contactos. Cuando vienes de Merckx, todo es más fácil. Fue una auténtica garantía moral para mí». La transición fue fácil. Puede que las arrugas hayan surcado su rostro, puede que los músculos se hayan fundido, pero sus anchos hombros, su torso macizo y sus manos trabajadoras revelan al corredor que fue antaño, el hombre que se opuso sin tregua a Merckx. Una mezcla de fuerza, coraje y resistencia. Y, durante unos segundos, toda la poesía de un mundo ya enterrado resurge. Con un padre que trabajaba como minero del carbón y una madre que hacía y vendía sopa, los Verbeeck siempre han valorado el trabajo por encima de cualquier otro asunto. A los catorce años, sin carné de conducir, el joven Frans transportaba ollas de quinientos litros de sopa de ver-

[65] Literalmente «El Forzado», en referencia a los presos condenados a trabajos forzados. En el ciclismo hace referencia al celebérrimo artículo Les Forçats de la Route, de Albert Londres. N. del T.

duras que él y su madre vendían en la plaza del pueblo de Overijse a los vendimiadores que habían venido a recoger las uvas Léopold III, Ribier y Moscatel, las variedades más conocidas. Este es el origen de su primer apodo, Sopa.

Saltemos un poco las vallas y avancemos hasta 1963, cuando, desde la categoría de *Independientes*, el joven Verbeeck consigue su primer contrato profesional con el equipo Kint-Réno: «Firmé por 2500 francos belgas (61 euros) al mes, pagados en diez meses. Una miseria. Pero tenía hambre. Corrí todo lo que pude y en 1964 me ofrecieron un puesto en Wiel's-Groene-Leeuw, el equipo de Benoni Beheyt, el campeón del mundo». Todo fue casi demasiado rápido: «Competía sobre todo en kermeses. Un día en Heuseden, a mitad de carrera, el mecánico me hizo bajar de la bici y me dijo: 'cabo de recibir una llamada de Albert (De Kimpe, el director del equipo). Haz tu maleta, tienes que estar mañana en Rennes para la salida del Tour de Francia'. Duré nueve etapas en este Tour 64 y acabé tres veces entre los diez primeros antes de retirarme». Verbeeck fue segundo en el Gran Premio de Frankfurt al año siguiente, pero, cuando hacía sus cuentas a final de mes, apenas había suficiente para los biberones del pequeño Marc. No tardó mucho en hacer números, así que se compró una lechería y colgó la bici. Otra vida. Madrugones a las cuatro de la mañana. Un *jeep* cargado de perolas de leche, trozos de mantequilla y nata fresca, y a hacer la ronda. Ha nacido el Lechero de Wilsele, nombre de su pequeño pueblo. Pero el demonio de la bici le sigue acompañando, y a veces incluso la cuela dentro de la furgo para salir a rodar. Es de piñón fijo. Junto a Kessel, ha reparado en una colina empedrada que parece un *berg*. Tierra a los lados, una tira de hierba en medio y grandes adoquines. «La primera vez no pude llegar a la cima. A mitad de camino, me caí en el barro. También tenía un circuito alrededor de un lago donde hice cien kilómetros. Llegué a casa extenuado. Acabé confesándoselo todo a mi mujer, que no quería que retomara la bici. Cuando volví a trabajar para equipos modestos, en Okay-Whisky y luego en Watneys, ya no tenía una base y, para estar seguro, hacía la ruta de la leche por la mañana y los entrenamientos por la tarde. Recuerdo que el uno de enero de

1969 fui al Kesselberg y lo subí con 52 x 16, piñón fijo, cuarenta veces seguidas».

Los relatos de Verbeeck añaden una fina capa de polvo a las carreras de antes, pero no es más que puro ornamento. Sobre aquel mundo de antaño, sobre aquella pasión por las competiciones, aún intacta y que él mantiene en sus carnes, confiesa hoy que «tenía una vida de ensueño. Pertenecer a esta generación de corredores es un privilegio que nada podría haber sustituido. Es un regalo del cielo, aunque no haya rezado para ganarme un sitio allí. Cuando hay que levantarse a las cuatro de la mañana para repartir leche, cuando hay que montar en bicicleta otras tres horas, a veces más por las tardes, hasta el punto de no poder ni rodar cuesta abajo, si alguien me hubiera llamado loco, habría dicho que sí, que lo estoy. Algunos días, cuando mi mujer Angèle hacía la ronda en mi lugar, iba en bici hasta las Ardenas. Ida y vuelta, hacían unos trescientos ochenta kilómetros al final». Rara vez pudo con Merckx, «era realmente demasiado fuerte para nosotros, pero también ocurrió que pedaleé sobre aceite».

El Lechero gana la Amstel Gold Race (1971), Het Volk (1970, 1972) y se proclama campeón de Bélgica en 1973, superando a Merckx en el esprint. Disfruta al contarlo: «Eddy va escapado y solo en cabeza. Godefroot, De Vlaeminck y luego Van Springel intentan unirse a él, pero todos se clavaron en la parte más empinada. Cuando ataqué, sabía que llegaría hasta él. Este circuito era una de mis rutas de entrenamiento y me lo sabía de memoria. Y, por supuesto, una vez o dos me pidió que le relevara, y yo me negaba. Como había hecho él en Gante-Wevelgem unas semanas antes, donde se quedó a mi rueda al final para ganarme en el esprint. En aquella carrera por el título, en el grupo perseguidor estaba Willy Planckaert, el más rápido de todos nosotros y con el que Eddy estaba enfrentado. Entonces tiró él y yo me convertí en campeón de Bélgica».

Todavía resopla cuando piensa en su Lieja-Bastoña-Lieja de 1973, donde él, Merckx y una docena más llegaron juntos al velódromo de Rocourt: «Habían adelantado la línea de meta. Gané el esprint en la línea equivocada, y Merckx me adelantó por tres centímetros en la *foto finish* sobre la línea correcta. Me dio insomnio y pesadillas durante mucho tiempo». El palmarés del Lechero habla por sí solo. Segundo dos veces en el Tour de Flandes: en 1974 bate a Merckx, pero el holandés Ces Bal le precede; en 1975 acompaña a Merckx por los muros durante más de cien kilómetros antes de rendirse, exhausto, al final. Pero no fue esta fantástica epopeya flamenca, aún recordada por todos, ni su maillot de campeón de Bélgica lo que escogería si tuviera que señalar un momento que ha marcado especialmente su carrera: «Si tuviera que enmarcar una», dice con una sonrisa, «sería mi primera Omloop Het Volk, en 1970. Volví a ganarla en 1972, pero la primera resumió toda mi vida. Seguía haciendo los dos trabajos. Los sábados a las cinco de la mañana salía a repartir leche, mantequilla y nata a las pastelerías. A la vuelta, me subí a mi viejo Volkswagen, que aún tenía los intermitentes a los lados, y conduje hasta Gante. Me comí dos bocadillos de jamón y mantequilla al volante y me metí otros dos en los bolsillos del maillot. Llegué tres cuartos de hora antes de la salida. Estaba increíblemente fuerte. Fui en cabeza toda la carrera. Rodé en la escapada buena mientras Merckx y De Vlaeminck están neutralizados. En el esprint, Rosiers y Dierickx no tuvieron ninguna oportunidad. Aquel día mi vida dio un vuelco, y mi contrato pasó de 3000 a 15 000 francos belgas al mes (372 euros)».

¿Quién podría negarle a este hombre un puesto en el Salón de los Ilustres?

Eric Leman

«Merckx nunca te daba a elegir».

Eric Leman es uno de esos corredores que los especialistas califican de «auténtico, auténtico Flandrien», esos cazadores de clásicas dispuestos a cualquier sacrificio con tal de ganar la carrera más bonita del mundo para un flamenco, el Tour de Flandes. Forman una casta, una masonería orgullosa de sus proezas. Leman ha logrado esta hazaña tres veces, en 1970, 1972 y 1973, como Achiel Buysse y Fiorenzo Magni antes que él, y como Johan Museeuw, Tom Boonen, Fabian Cancellara y Mathieu Van der Poel después. Tres victorias realzadas por la presencia de Eddy Merckx, «dios de dioses», en la resolución final. Tres fechas emblemáticas que Leman ha inscrito en sus tarjetas de visita. Si él se autoproclamaba «el corredor más rápido del mundo» durante la primera mitad de los años setenta, «mis adversarios se peleaban por coger mi rueda», esto no debe verse como una forma de suficiencia, sino más bien como una gran confianza en sí mismo y una ambición desmesurada. El gran Briek Schotte, apodado el Último de los Flandriens, dos veces campeón del mundo y dos veces ganador del Tour de Flandes, tenía buen ojo para encontrar a alguien con «la fibra, la pasión y el talento adecuados», y se convertirá en su primer director deportivo. En 1968, cuando contrata a Leman para Flandria, «oh, un contrato muy pequeño», refunfuña el interesado, Schotte no se anduvo con medias tintas: «Este tiene el carácter y las piernas de Van Looy».

El aprendiz de carnicero en Izegem, primer oficio de Leman, le dará la razón. «Había que quererlo y Robert, mi hermano, que lo había probado en bicicleta como aficionado, me empujó a convertirme en el hombre que él no pudo llegar a ser. Mi jornada en la planta de despiece empezaba a las seis de la mañana. A mediodía me ponía al volante y salía a repartir los pedidos. Después, hacia las cinco de la tarde, me iba a entrenar. Nada podía alejarme de mi furioso deseo de convertirme en profesional. Sí, la carnicería, mi gran pasión», dice Leman bromeando. Seleccionado en 1968 para correr el Tour de Francia con el equipo belga B, gana la vigésimo primera etapa, por supuesto al esprint. Al final de la temporada siguiente, aparecieron grandes nubarrones entre él y Walter Godefroot. Cuestión de supremacía. Godefroot, que ya había ganado la Lieja-Bastoña-Lieja en 1967, el Tour de Flandes en 1968 y la París-Roubaix en 1969, lanza un ultimátum. En esencia: «O se va él, o me voy yo». Leman avanza una explicación: «Hay que imaginarse dos animales salvajes y una sola presa. Yo nunca habría renunciado a mi parte y él tampoco. Un verdadero flamenco es así: testarudo, con tolerancia al dolor. Nunca se queja. Nunca tiene frío. Nunca llevaba guantes cuando corría, excepto en la París-Roubaix por las vibraciones y las ampollas. Y Walter se fue a correr a Italia».

En 1970, la rivalidad que les había enfrentado durante dos temporadas está en su apogeo, «sin olvidar que todos podíamos ser demolidos por Merckx, quien quería ganarlo todo. Nunca dudé de mis piernas. Tenía lo que se llama una doble aceleración. Era mi especialidad. A toda velocidad, daba un golpe de riñón que me impulsaba y me permitía adelantar a mis rivales». De sus tres victorias en de Ronde, Leman está particularmente orgulloso por haber vencido a Eddy Merckx en tres ocasiones, la primera, en 1970, tiene un sabor especial: «En el final, Merckx y Godefroot se juntaron para hacerme pedazos. Walter atacó el primero, cogió doscientos cincuenta metros y yo persiguiéndole con Merckx a mi rueda, que no me dio ni un relevo. Tardé dos kilómetros en alcanzarlo. Sabía que Merckx contraatacaría inmediatamente. Afortunadamente, aún tenía algunas reservas y le seguí sin problemas. En el esprint, ambos sabían que habían perdido». Dries de Zaeytijd, piedra angular de Koers, el Museo del Ciclismo, se alegró mucho: «En la meta no había ducha, así que tiré de ingenio. Cogí la bicicleta y me adentré por las carreteras secundarias de la campiña. Nunca me había parecido tan bonito. Paré en una granja que no conocía de nada. No les dije que acababa de ganar De Ronde. Le pregunté a la granjera si podía lavarme la ropa, puso agua caliente en una palangana y empecé a lavarme, repitiendo mentalmente los mejores momentos del día».

En marzo de 1971, Leman recibe con estupor la noticia de la muerte de Jean-Pierre Monséré, a quien está muy unido. Esa misma tarde, el equipo Flandria abandona la París-Niza. Hay un dicho popular que dice que, si cierras una puerta a la desgracia, esta entrará por otra. Diez días después, una tragedia increíble volvió a golpearle. Cuando vuelve de la Amstel Gold Race en coche con su esposa, Marie Louise, y su hermana, se ve sorprendido por un banco de niebla. Choca violentamente con la parte trasera del vehículo que le precede, conducido por Roger De Vlaeminck. Su mujer atraviesa el parabrisas y muere poco después. Él está destrozado. Es necesario todo el poder de persuasión de Briek Schotte para ayudarle a superar esta pesadilla y conseguir que participara en el Tour de Flandes una semana después. En la meta de Meerbeke, es vigésimocuarto. La bicicleta se convirtió en su bote salvavidas.

En el Tour de Francia, Leman se adjudica tres etapas. Impresionado por la fuerza de su carácter, su valor y su fe en la profesión, Maurice De Muer le ofrece una nueva vida en el equipo Bic. Se une a Roger Rosiers, su compatriota que acababa de ganar la París-Roubaix, y a Luis Ocaña. Pero la integración es difícil. Roland Berland, antiguo compañero de equipo, recuerda a «un tipo distante, reservado, que no se esforzaba por hablar francés y era más bien introvertido, a diferencia de Rosiers, flamenco hasta la médula, satisfecho y feliz de estar allí». Leman señala la razón por la que no se relacionó mucho durante su preparación para las clásicas: «En los entrenamientos, salíamos para una salida de doscientos kilómetros y, a la primera gota de lluvia, los franceses se daban la vuelta. El Tour era lo único que les importaba y faltaban cinco meses para julio. Así que tuve que seguir solo. Lo pasé mal, pero me gustaba, iba haciéndome daño. Hasta el punto de que no podía andar cuando me bajaba de la bici. No tenía elección si quería ir delante. Merckx nunca te daba opción».

Christian Palka, su compañero de equipo, ha ganado su selección para el Tour de Flandes de 1972 en una kermés, tres días antes de la salida. Cuenta: «En estas pequeñas carreteras que te hacen retorcerte, con sus toboganes y adoquines, todos los ases vinieron para probarse. De Vlaeminck, Verbeeck, Rosiers, Leman, todos estaban allí, los *Flahutes*. Durante la carrera, yo estaba en cabeza y, naturalmente, me puse al servicio del *grandote*, como yo le llamaba a Leman porque era un poco fuerte visto desde atrás. En la meta, me felicitó. Esa noche, De Muer telefonea. Dicen que vas bien en este momento. (Silencio). Bueno, si te sientes con fuerzas, puedes hacer el Tour de Flandes el domingo. Comprendí que Leman y Rosiers le habían enviado un mensaje. Hicieron bien. En el avituallamiento de Deerlijk, después de Kortrijk, las cosas se movían a toda velocidad. En diez kilómetros llega el Oude Kwaremont y estoy delante junto a Leman. En la cima, voy a rueda de Merckx. Justo detrás de mí están Rosiers y Leman. Todos los muros, no había tantos como hoy, los he cruzado junto a Leman, y cuando se ha desequilibrado le doy el empujón que necesitaba para volver a subir. En el Bosberg me fallaron las fuerzas, pero ya había pasado lo más duro. Leman los batió a todos y Merckx fue séptimo. El lunes por la mañana, en *La Voix des Sports*, el periodista René Deruyk dijo que me había ganado los galones de gran *equipier*». Leman triplicaría su palmarés en 1973 con el maillot de Peugeot, superando a Maertens y Merckx. Pasados los mejores años, «el carnicero» no hablaría de «su gran motor», su mayor baza, sino de tiempos de recuperación que se alargan: «Tardé dos semanas en volver a dormir con normalidad después de una temporada de ciento cincuenta días de competición. Cuando sentí que mi cuerpo se debilitaba, no me conté ninguna historia. No tenía sentido insistir. Aceleras y, de cualquier forma en que quieras hacerlo, vas menos rápido. Entonces pensé en las partidas de caza. No quería perdérmelas, e hice bien».

Rik van Looy

«Mi única espina es no haber podido medirme con él en mis mejores años. Creo que mi récord habría sido mejor que el suyo. Yo era más rápido en el esprint».

Bélgica, que nunca tuvo Emperador, encontró uno en Herentals, apodado Rik Van Looy, o «Rik II» porque, en la *Dinastía Rik*, Van Steenbergen le precedió. En 1965, Van Looy lo había ganado todo en la categoría de Monumentos y clásicas. Su hegemonía era tal que no tenía un equipo a su servicio, sino una *Guardia Roja*. Tiene ya treinta y dos años y, para su decimotercera temporada, se ofrece una tercera París-Roubaix. Incluso cuando está saciado aún tiene que conquistar, ser el minotauro que encierra a todos en su laberinto.

Sus comienzos son tan lejanos que sus primeras pedaladas con los profesionales, en 1953, se remontan a la época de Fausto Coppi, Gino Bartali, Fiorenzo Magni, Louison Bobet, Ferdi Kubler, Hugo Koblet, Rik Van Steenbergen, Stan Ockers, Briek Schotte, Jan Brankart y tantos otros. Van Looy reinó entonces sobre sus contemporáneos Jean Forestier, André Darrigade, Jean Stablinski, Fred De Bruyne, Noël Foré, Gilbert Desmet, Peter Post, Nino Defilippis y Miguel Poblet. Así pues, en 1965 se acerca a su récord de victorias: trescientas setenta y una. ¿Un palmarés? No, ¡un imperio! Podemos encontrar dos títulos de campeón del mundo, tres París-Roubaix, dos Tour de Flandes, una Lieja-Bastoña-Lieja, un Giro de Lombardía, varias Gante-Wevelgem, París-Tours, París-Bruselas, una Flecha-Valona y treinta y siete etapas en las Grandes Vueltas. Es natural que a principios de la temporada 65, cuando llega una nueva ola, una tercera generación, esta también sueñe con la conquista y el poder.

No sabía Rik, el Emperador, o no quería saber, que la rueda del tiempo gira a una velocidad vertiginosa. ¿Cómo podría ser consciente de ello cuando sus compañeros, por las tardes, se beben sus palabras, se ríen cuando él ríe, se maravillan con las historias que se saben de memoria? Y si, por desgracia, uno de ellos no capta la indirecta, es inmediatamente condenado al ostracismo, como Eddy Merckx, aureolado con el título de campeón del mundo *amateur* en 1964 y refractario a cualquier forma de pleitesía. Cuando desembarca a Solo-Superia en 1965, Merckx, libre en su mente, imagina el mundo futuro a su imagen y semejanza. Solo tiene veinte años, quiere inventar su propia vida y no tener ningún arrepentimiento. ¿No es acaso el ciclismo un camino hacia la libertad, y no hacia la servidumbre? Con su buen amigo Patrick Sercu, campeón del mundo de velocidad en 1963 y campeón olímpico del kilómetro en 1964, que también es nuevo en Solo-Superia, hablan a menudo de ello, y hacen planes. La pareja ya se había labrado una buena reputación en el mundo de los Seis Días. Merckx supo enseguida que nunca pertenecería al clan Van Looy: «En París-Luxemburgo me trataron como al primer payaso que se presentaba». Jan Buggenhout, su *mánager*, piensa que hace lo correcto ofreciéndole un puesto en el equipo de Van Looy y Van Steenbergen, dos corredores experimentados. En un ambiente hostil para un debutante había una oportunidad. Se equivocó. Merckx se convierte en el chivo expiatorio del equipo. En la mesa no hay más que sarcasmo y burlas. A las vejaciones sobre su ropa y su físico, se sumaron las burlas sobre los pasteles de arroz preparados por Jenny, su madre. El Emperador de Herentals inventó un apodo para él: Jack Palance, actor estadounidense con patillas bien definidas, como él, y «un poco ladino» en las películas en las que interpreta al malo. Esto ya no son novatadas, es acoso.

El chico tímido y respetuoso que es Merckx, el que saca de sus lazos familiares toda su fuerza espiritual, sufre mucho con este conflicto humillante y grosero. A los insultos les siguen las bromas. Miradas a la rueda delantera antes de una salida de entrenamiento. Sillines embadurnados de grasa o pegamento. Un tubular mal encolado para volverle loco. Para el joven Merckx, doce años menor que el Emperador, es imperativo cambiar de aires. Así lo hace en 1966, cuando se incorpora al equipo Peugeot, donde Tom Simpson, con su impresionante currículum (Tour de Flandes, Milán-San Remo, Giro de Lombardía, campeón del mundo), no se priva de hacerle algunas jugarretas, con la complicidad de... Van Looy.

Hay que tener mucha fuerza de carácter para osar enfrentarte al Emperador. Porque, a pesar de su avanzada edad, y aunque ya no está bajo los focos, sigue siendo una autoridad, incluso un monumento. El nombre de Van Looy representa tanto capital que se distingue de su persona. Su nombre es a la vez un mito y un artículo de comercio. Una leyenda, porque a los treinta y siete años todavía es capaz de fletar un tren entero para ir a verle correr al extranjero. Un anuncio también, porque Willem II, un comerciante de puros, su patrocinador a partir de 1967, crea vitolas «Van Looy» con su efigie en lo alto para los mejores habanos de su gama. ¿Ego desmesurado? Sin ninguna duda. Un éxito seguro, también. ¿Quién hubiera podido imaginar que este inmenso campeón, adulado y respetado, que ha ganado todas las clásicas[66], se rebajase a ataques mezquinos contra Eddy Merckx? Para dar una idea de la grandeza y la popularidad de Rik Van Looy, al final de su carrera, en Kempen y en toda Bélgica, sus seguidores se contaban aún por decenas de miles.

Eddy Merckx se marchó en 1966 y no cesa de extender su influencia. En 1968, ya ha ganado dos Milán-San Remo y una París-Roubaix, y en los Campeonatos del Mundo de Imola es líder del equipo nacional en su calidad de campeón del mundo saliente. Van Looy gana su billete en el último momento. Merckx no se opuso. El día D, el equipo olvida a Van Looy en el hotel y cuando «Rik II» llega a la salida montado en su bicicleta, la carrera ha comenzado sin él. Un mal menor, ya que pudo reincorporarse al pelotón con bastante facilidad y el incidente quedará archivado como una anécdota más, excepto para él. Nunca perdonará este crimen de *leso-imperio* y, hoy en día, está convencido de que le hicieron una jugarreta[67].

En 1969, está en la salida de su último Tour de Francia. A punto de cumplir treinta y siete años. En la primera etapa, los Faema

---

[66] Es una frase hecha sobre van Looy, pero falsa, porque en realidad nunca conquistó Het Volk o Amstel Gold Race, entre otras. N. del T.

[67] Rik van Looy falleció el 17 de diciembre de 2024. N. del T.

toman el mando y controlan todo. Julien Stevens, del equipo de Merckx, lleva el maillot amarillo cuando Van Looy, al comienzo de la cuarta etapa, Charleville-Mézières-Nancy, lanza una moneda al aire y parte en solitario. Tres maillots Faema le persiguen inmediatamente. Con un gesto, Merckx detiene la persecución. Y es con la bendición de su gran rival como Van Looy consigue su séptima victoria de etapa en el Tour de Francia. Dos días después, exhausto, llega fuera de control al Balón de Alsacia y entrega su dorsal noventa y nueve. La paz entre el ganador del Tour del 69 y su glorioso ancestro solo dura un centenar de kilómetros, longitud de una etapa, porque en el este de Francia, en los critériums pos-Tour franceses o en las kermeses en Bélgica, los cuchillos vuelven a volar. Van Looy, que sabe más latín que un viejo monje, toma partido y decide colocarse a rueda de su joven rival, y allí se queda. El ganador del Tour del 69 se niega a rodar. Los dos rivales van soltando piernas, mirándose fijamente, el pelotón les adelanta y sus maniobras les dejan en ridículo. La escena se repite en Liedekerke, Rijnemann y Hasselt, donde Eddy, al límite de sus fuerzas, llama a Rik «viejo senil».

El tiempo hizo su trabajo y Merckx no dudó en financiar y ayudar a la escuela de ciclismo creada por Van Looy. Sin embargo, medio siglo después, las viejas rencillas siguen vivas y solo era cuestión de tiempo que un debate en la BRT, la televisión belga, en presencia de Van Steenbergen, tornara tormentoso. A Van Looy no le gustó que le llamaran «chuparruedas» en directo, pero salvó la cara diciendo: «Eddy sigue siendo el mejor ciclista de todos los tiempos. Mi única espina es no haber podido medirme con él en mis mejores años. Creo que mi récord habría sido mejor que el suyo. Yo era más rápido en el esprint».

Joop Zoetemelk

«Merckx nunca fue batido, esa era su fuerza»

La insondable juventud de Joop Zoetemelk le permitió proclamarse campeón del mundo a la edad de treinta y ocho años, ocho meses y veintinueve días. En el transcurso de una carrera que abarca dieciocho temporadas, de 1970 a 1987, el holandés de Germigny-l›Évêque ha participado en dieciséis Tours de Francia, terminándolos todos, subió al primer escalón en 1980 y al segundo en seis ocasiones. Después de haber sufrido los años de Merckx a latigazos, seguidos sin transición por los de Hinault, tiene pocos lamentos, «no se puede rehacer la historia con peros», y prefiere recordar que «gané una carrera importante cada temporada». De Eddy Merckx dice, sin rodeos: «No era mi amigo. Denunciaba mi pasividad. Seguramente no se daba cuenta, pero todos íbamos a tope detrás de él y felices de sobrevivir. Un 2CV no está a la altura de un Ferrari. Apenas nos saludábamos y la prensa no hizo más que aumentar la distancia que nos separaba».

Zoetemelk está en los asientos de platea durante la famosa etapa de Orcières, Tour 71, en la que Luis Ocaña toma una opción para la victoria final: «No relevé ni un metro, lo reconozco, pero no era capaz. No tuve un gran día. Se me ha criticado por ello, pero objetivamente era él quien tenía que asumir su responsabilidad y no echar la culpa a los demás, como ha dicho muchas veces. En las carreras, en el Tour, no hay amigos. A veces hay alianzas circunstanciales, de lo contrario es sálvese quien pueda, y no estoy de acuerdo con Merckx cuando dice que nos alegramos de asistir a su funeral en la subida a Orcières. Ya vimos en la etapa siguiente cómo había resucitado. Merckx nunca fue vencido, esa era su fuerza. En la persecución hacia Marsella, Ocaña me dijo en un momento dado: 'dejémosle a dos minutos, que se va a matar'. Pero en París era él quien estaba de amarillo y Ocaña en su casa».

Hoy, Zoetemelk dice no poder precisar la hazaña del Caníbal que más le impresionó: «Se diría que lo que le interesaba más que ganar era llevar sus límites cada vez más lejos. Nunca sabías lo que iba a hacer o cómo lo iba a hacer, pero creo que exageró al querer ganar siempre. Yo no tengo esa mentalidad. Cuando me ganaban, si había rodado bien, me daba por satisfecho. Merckx, en cambio, nunca aceptó la idea de la derrota y debió de dormir mal más de una vez». El carácter y las circunstancias de estos dos grandes campeones nunca permitieron ningún acercamiento: «En Bélgica, sabía lo que me esperaba cuando iba a la salida de una carrera. Abucheos y silbidos. Después de mi accidente en 1974, tardé casi dos años en recuperar un buen nivel y mantenerlo. De vez en cuando ganaba una carrera grande, la París-Niza en 1975, la Flecha Valona en 1976, incluso el segundo puesto en el Tour de Francia de ese mismo año, pero me volví temeroso». Joop recuerda en particular un Campeonato del Mundo de ruta en Yvoir, donde, tras recibir amenazas, tuvo derecho a una protección policial. «El equipo belga era el gran favorito con Merckx y De Vlaeminck, pero cuando Kuiper se escapó, me aseguré de no tirar nunca, y preferí esperar a un grupo pequeño. Estaba muy tranquilo».

Eddy Merckx ya no está en el pelotón en 1980, cuando Joop Zotemelk, de treinta y cuatro años, inscribe por fin su nombre en el palmarés del Tour de Francia. Cinco años más tarde, más verde que un puerro, se proclama campeón del mundo en Giavera del Montello (Italia), y sigue siendo el maillot arcoíris más viejo de la historia. Mucho tiempo después de la carrera, de regreso de un paseo en bicicleta, estaba lejos de pensar en el Caníbal: «Eddy Merckx te ha llamado por teléfono, tienes que devolverle la llamada». Todavía está asombrado: «Al otro lado del teléfono me dijo que estaba organizando personalmente una marcha por Austria para todos los antiguos campeones del mundo y que, naturalmente, había pensado en mí. Me conmovió su gesto. Pasamos unos momentos extraordinarios, lejos de las viejas rencillas».

Bernard Hinault

«Tengo un vínculo muy fuerte con Merckx»

Eddy Merckx le llamó una vez su sucesor, e incluso su hijo espiritual. ¿Cómo se siente al respecto?

Ante todo, estoy muy orgulloso. Yo estaba empezando en el mundo profesional cuando él me echó una mano para ganar la Dauphiné en 1977. Su gesto llegó espontáneamente. Yo había hecho una buena carrera y él se sintió ofendido porque los demás quisieran arrancarme la piel. Cuando el mejor corredor del mundo te espera y te dice «coge mi rueda, aguanta», estás en las nubes, y sientes que realmente quiere ayudarte. Para mí fue una motivación extraordinaria. Sin él no hubiera llegado. A través de mí, se vengó del duro castigo al que le había sometido. Merckx *equipier* de equipo de Hinault, cada vez que hablo de ello sonrío.

Unas semanas antes ya estaba presente en el final de su primera victoria en la Lieja-Bastoña-Lieja. Ya no era el gran Merckx...

Oh, oh, cuidado, había que estar allí, al final. La carrera había sido muy dura, desde veinte kilómetros antes. Éramos seis en la escapada, respondí al ataque de Dierickx y le gané en el esprint. Detrás de nosotros, a un puñado de segundos, Eddy tuvo que conformarse con el sexto puesto. Lo curioso es que también estuvo conmigo en la meta de 1980. Dejó de correr en 1978, pero estaba en el coche del director de carrera, detrás de mí. Dos cosas permanecen en mi memoria de aquella terrible Lieja-Bastoña-Lieja: el tiempo gélido, la nieve todo el día; y la presencia de Merckx. Sentir la mirada de alguien que ha logrado hazañas extraordinarias en su carrera te da fuerzas para afrontar el reto.

Cinco Tours de Francia cada uno, pero ningún Tour en común. El año que él se retira, 1978, tú ganas el primero.

Como cesión del poder no hay otra mejor.

Es cierto que podría verse como un guiño. Las circunstancias y el destino lo quisieron así. Quizá sea algo más que casualidad. Tengo un vínculo muy fuerte con Merckx desde que tengo uso de razón. Creo que fue un bonito relevo.

¿Tenían la misma forma de correr?

La misma voluntad de ganar, sí. Mi forma de correr era diferente. Eddy corría todo el calendario, las Grandes, las clásicas, los critériums, los Seis Días. Del 1 de enero al 31 de diciembre sin parar. Eso es fenomenal. Yo estaba más centrado en mis objetivos, pero era una época en la que corríamos todo el año, es importante subrayar esto.

Cuando era más joven, ¿Merckx fue su fuente de inspiración?

Tuve dos ídolos que me inspiraron y me ayudaron a crecer: Jacques Anquetil y Eddy Merckx. He tomado de uno y otro lo que necesitaba.

¿Qué impresión tuvo sobre Merckx la primera vez que lo vio?

Debió de ser en la París-Niza de 1975. Zoetemelk ganó y Eddy debió hacer segundo. Recuerdo que la gente me decía: «Mira, ahí está Merckx. Será difícil». Le contesté a un periodista: «Merckx tiene dos brazos, dos piernas y una cabeza para usarla. Igual que yo. Quiere ganar, y yo también». Eso fue todo. Estaba empezando, quería luchar, quería montar en bici y Merckx formaba parte de esa motivación. Nunca fui a la salida de una carrera pensando «oh, la, la, ahí está fulanito o menganito». Si tienes esa mentalidad, es mejor irte de pesca.

Primeros Campeonatos del Mundo en 1976, en Ostuni. En el esprint Merckx quedó quinto y tú sexto. ¿Otra señal?

Acabar a rueda de Merckx es un hecho de carrera, ni más ni menos. No me interesa decir que terminé sexto en un Campeonato del Mundo a rueda de Merckx. Ostuni, para mí, no es un buen recuerdo. Tuve una oportunidad real de ser campeón del mundo y no salió bien por problemas internos del equipo francés. Cuando le pides a alguien que tape un hueco pequeño, y digo pequeño, y el tío te dice que no puede, y un momento después se lanza al ataque sabiendo que no está a la altura, ¿cómo hacemos para recuperar el maillot? (Silencio). No quiero ni dar nombres. Hace tanto...

En tu época, en la época de Merckx, teníamos temporadas completas y los ciclistas terminaban con una media de ciento treinta, ciento cincuenta días de carrera. Hoy en día, salvo raras excepciones, los corredores fijan sus objetivos separando las Grandes Vueltas de las clásicas. ¿Podría usted correr así?

Cualquiera que ame la competición no puede correr así. El ciclismo es un juego, es una pasión, no es un trabajo. Los que piensan en términos de trabajo se equivocan. Se pierden lo esencial, que es disfrutar. A menudo me digo que hice bien en disfrutar. También me digo, cuando pienso en los que corren cincuenta días al año, lo aburridos que deben estar por pasarse la vida esperando.

¿A quién se siente más cercano, a Anquetil o a Merckx?

Pienso que estoy más cerca de Eddy. Creo que me parezco a él. Sobre la bicicleta nos gustaba ganar clásicas haciendo numeritos especiales, además de las Grandes Vueltas, por supuesto. Y nos apreciamos enormemente.

EQUIPIERS

«Nos hemos abierto camino con mucho trabajo,
con el sudor de nuestra frente. Todo tiene un precio»

Patrick Sercu, amigo y compañero de equipo de Merckx

Entre su debut en 1965 y su última temporada en 1978, en la que solo corrió cinco días, Eddy Merckx corrió con ciento treinta compañeros de equipo. De simple gregario en Solo-Superia y Peugeot a director de orquesta a partir de 1968 en Faema, intentó dar a la palabra *equipier* una connotación familiar. «Porque», dice Merckx, «es en la familia donde se aprende a ser un hombre». Algunos le dedicaron su carrera: Joseph Bruyère, Frans Mintjens, Joseph Spruyt y Victor Van Schil le fueron fieles durante nueve temporadas. Jos De Schoenmaeker, Jos Huysmans y Roger Swerts estuvieron con él ocho temporadas. Ward Janssens formó parte de todas las escuadras durante seis años, Martin Van Den Bossche, Ludo Delcroix, Patrick Sercu y Julien Stevens, cuatro. Como en cualquier familia, hubo pequeños enfrentamientos y celos inútiles[68], pero el balance deportivo y humano habla ampliamente a

[68] «Picrocholines», en el original, que hace referencia al personaje rabealisiano de

su favor después de catorce temporadas. Once, aparte de sus inicios en Solo-Superia, donde Rik Van Looy reina sin compartir y le hace pasar un mal trago, y la experiencia Peugeot, donde, a sus veintiún años, tiene poco que decir sobre los veteranos Tom Simpson, Roger Pingeon y Ferdinand Bracke, sentados sobre sus privilegios.

En realidad, todo empieza en 1968. Merckx solo tiene veintidós años cuando asumió la capitanía de Faema, y enseguida demuestra una autoridad irrefutable. Recluta con confianza a corredores experimentados como Vittorio Adorni, que ya había ganado el Giro. Adorni pertenecía al clan italiano que le había impuesto el patrocinador, y solo se quedará un año. Sus hombres, los que él ha elegido, saben porqué están ahí: para correr por él incondicionalmente. Enrolarse bajo la bandera de Merckx es renunciar a toda ambición personal, es ir al fondo de uno mismo en la búsqueda de los maillots amarillo, rosa y arcoíris y de muchos Monumentos. Es una adaptación del lema de *Los Tres Mosqueteros* de Alejandro Dumas: *Uno para todos, todos para uno*. Porque sí, Eddy Merckx, el único capitán a bordo, sabe devolver el favor, pues conoce el precio de hacer sacrificios. En el Tour de 1975, es segundo en la general cuando es víctima de una caída en Valloire al comienzo de la decimoséptima etapa. A pesar de sufrir una doble fractura de maxilar y una fisura de seno, se niega a abandonar para no hacer perder a sus compañeros de equipo su parte de las ganancias. De los 1 113m505 francos belgas (27 600 euros) que se embolsa el equipo Molteni en la meta de París, la mitad trae la firma de Eddy Merckx gracias a sus dos victorias de etapa y a sus segundos puestos en la general, en la clasificación de la regularidad y en la de mejor escalador.

Ninguna estela inmortaliza los actos de valentía de los hombres de Merckx. La vida que amaban ya no existe. Solo quedan viejos recortes de prensa, emociones y recuerdos construidos a base de grandes pedaladas en el plano, en la montaña, donde nadie

Picrochole. La derivación señala un enfrentamiento absurdo y sin motivo. N. del T.

podía adelantarles, donde todo el mundo, incluso Merckx, sacaba la lengua. Estas victorias también son suyas. En cualquier otro equipo, algunos de sus «mariscales» habrían podido aspirar a un trozo de poder, a un Monumento, a una clasificación de mejor escalador, a un maillot verde, a victorias de etapa. Los hombres de Merckx no tienen más que una regla: la del líder. Italo Zilioli, una sola temporada bajo la bandera de Faemino, se enjugó una lágrima durante nuestro encuentro, mientras peregrinaba por recuerdos de cincuenta y cinco años: «¿Faemino? *La piu bella de tutti*». Le cautivó «la organización, el rigor, el espíritu que emanaba», el sentimiento «de una orden casi monástica donde no importaba nada más que la figura del líder».

Merckx ejerce un control mágico sobre sus compañeros de equipo. Esta es sin duda la razón principal del éxito del *Imperio Merckx*. De lo contrario cómo explicarlo si nos fijamos un instante en el ejemplo de Joseph Bruyère, enorme *rouleur*, eslabón esencial del sistema, dos victorias en la Lieja-Bastoña-Lieja y tres Het Volk en su palmarés, sin olvidar el maillot amarillo en los Tours de 1974 y 1978. El valón solo tenía un defecto, como él mismo reconoce: «Para competir se necesita fuerza mental, nervios y capacidad de tomar decisiones, y yo tenía dudas y no soportaba la presión». Su primera Lieja-Bastoña-Lieja, en 1976, una escapada de cien kilómetros en compañía de Van Springel, fue digna del gran Merckx. Y, cuando estaba al frente del pelotón, a veces tenía que intervenir el propio jefe: ¡Piano, Joseph! Pian*o*. Es igual, el hombre de Lieja que merece el título de «Primer violín» era un «*merckxista* incondicional, feliz en la piel de un trabajador en la sombra».

Victor Van Schil, antiguo tallador de diamantes, tenía ya veintinueve años cuando se incorporó al Faema en 1968. Merckx, que pensaba que era «un caballo viejo», cambió rápidamente de opinión. En la montaña su ritmo anuncia invariablemente nubarrones para sus adversarios. Vencedor de la Flecha Brabanzona en 1968, quinto en la París-Roubaix ganada por Merckx el mismo año, y después segundo en una memorable Lieja-Bastoña-Lieja en 1969 junto a su líder, este hombre de Amberes había hecho de la lealtad una regla de vida. Cuando se retiró a los treinta y siete años, «Vic», desaparecido en 2009, tenía en su palmarés un total de veintitrés Grandes Vueltas (once Tours de Francia, seis Giro, seis Vueltas). El detalle es importante, Merckx adoraba la mentalidad de los *Campines*[69]. Tipos para los que nada suponía un problema, bondadosos y ecuánimes, a los que convertía en el cemento de sus distintos equipos.

Al igual que Van Schil, Frans Mintjens procedía de la región de Campine y, junto con Jos Spruyt, Jos De Schoenmaecker, Jos Huysmans y, más tarde, Roger Rosiers, formó lo que los periodistas belgas llamaron *la Campine Connection*. Mintjens se escapó con Tony Houbrechts en el Tour de Flandes de 1970, pero se negó a dar relevos porque «el jefe nunca estuvo muy retrasado» y «las grandes carreras son para los grandes corredores». Pero, ese día, Merckx no contactará y su sacrificio se verá recompensado con el quinto puesto. Mintjens siempre tirando, a todas horas. «Frans no esperaba a que las cámaras de televisión filmaran para tomar la cabeza», dice Bob Lelangue, su director de equipo, elogiando su «honestidad y coraje». A esto hay que añadir su franqueza. Mintjens no soportaba que la gente del equipo se escondiera: «Dos días antes de una contrarreloj, Swerts ahorraba fuerzas y su parte del trabajo recaía sobre nosotros. Como iba bien y lo daba todo, pasaba los dos días siguientes recuperándose y su trabajo seguía siendo para nosotros. Nunca lo admití». Solicitado por los equipos más grandes, que multiplicaban su sueldo por tres o cinco, Mintjens solo conoció un líder a lo largo de su carrera. «Lo que más admiraba de Merckx era su estoicismo. Le vi nervioso, estresado a veces, preocupado, pero nunca le oí quejarse. Durante el Tour de 1974, todos los días en la meta, su culote estaba lleno de sangre por una lesión en el perineo. Ganó el Tour con ocho minutos de ventaja».

Jos Huysmans está considerado como uno de los corredores con más talento de la pura tradición de Kempen. Gran sentido táctico, astuto, sabe hacer de todo: rodar, subir, esprintar, pero lo

[69] Se llama así a los naturales de la región de Campine o Kempen, que está en los alrededores de Amberes. N. del T.

que más le gustaba a Merckx de él era cómo afrontaba los esprints, y cuando se ponía en cabeza, a falta de tres kilómetros, nadie podía adelantarlo. Ya tiene veintinueve años cuando se puso el maillot de Faemino en 1970, y cuenta con una letanía de puestos de honor en su palmarés: quinto en París-Roubaix y Lieja-Bastoña-Lieja en 1965, quinto en París-Roubaix de nuevo y noveno en la *Doyenne* en 1966, octavo en el Tour de Francia en 1967, primero en la Flecha Valona y segundo en la Amstel Gold Race en 1969. De una honestidad escrupulosa, no pudo resistirse en 1968, el día siguiente al Gran Premio E3, a darle un puñetazo en la cara a José De Boever, con quien se había escapado y quien le había suplicado que no le descolgase, prometiéndole no luchar con él por la victoria. Pero, cincuenta kilómetros más tarde, De Boever lo había olvidado todo y le ganó fácilmente al esprint. Su devoción por Merckx no tenía límites. Su mejor momento como compañero de equipo en la montaña y en el llano fue durante el cuarto Tour de Francia de Merckx, en el que terminó noveno. Pero su obra maestra es sin duda su papel de protagonista en la larga escapada hacia Marsella en el Tour de 1971. Robert Bouloux, que estaba allí aquel día, recuerda a «un tipo salvaje, que gritaba, gesticulaba y animaba a Merckx y Wagtmans en cuanto bajaban el ritmo». «Un compañero de equipo de oro», dijo Merckx, que hizo de Huysmans su director deportivo en 1978 al frente del equipo C&A, y luego le ofreció trabajo en su fábrica de bicicletas. Cuando Huysmans murió en octubre de 2012, tras treinta y cinco años de fidelidad, Merckx admitió que había «perdido a un hermano».

El *Comando Campines* no estaría completo sin Jos De Schoenmaker, uno de los mejores escaladores de su época junto con Martin Van Den Bossche. Para Merckx desempeñaba el papel de «seleccionador» en la montaña y su ritmo causaba estragos. Gimondi no pudo aguantar más, y un día, en un puerto de montaña, gritó ¡Basta, Assassino! El jefe lamentó a menudo su ausencia en la etapa de Orcières, en la que cedió ocho minutos a Ocaña, Tour 1971, y que De Schoenmaeker había visto por televisión a causa de una fractura de fémur durante el Grand Prix du Midi Libre. Era un muchacho alegre, que amaba la vida y sus placeres.

Junto con Ward Janssens, fue él quien cambió la forma de pensar de Molteni: «Empezamos a cantar a veces, por la noche en la mesa, bromeando y relajando el ambiente, que era un poco demasiado rígido». También hay que reconocerle el mérito a Merckx, que interpretó estos actos como algo necesario después de un día agotador y antes de otro día agotador. Jos pasó ocho años en Molteni, Fiat y C&A. Después de su carrera, en 1983, sufrió un grave accidente de trabajo en un torno de metal, que, desgraciadamente, le cortó los dedos. Eddy Merckx mandó hacer una bicicleta especial para él, con todas las manetas en la parte izquierda del manillar, para que pudiera seguir rodando.

Ward Janssens, antiguo compañero de equipo de Poulidor, al que describe como «un buen tipo», llega a Molteni en 1973. «Antes de eso, ni siquiera me atrevía a hablar con Eddy, porque me intimidaba mucho». Su talento de animador nocturno es equiparable a sus cualidades de escalador. «Después de Huysmans, después de De Schoenmaeker y Van Den Bossche, a veces era el último relevo en la escalada. Era una fuente de orgullo colectivo». También él rechazó lucrativas ofertas de Italia sin arrepentirse nunca: «Con Eddy Merckx todo el mundo se ganaba bien la vida. Dos Grandes Vueltas y una treintena de critériums por temporada bastaban para llenarse los bolsillos y la nevera durante todo el año». Cuando llega el momento de reciclarse, su altruismo y su lealtad se vieron recompensados con un puesto de trabajo en la fábrica de bicicletas Eddy Merckx.

Entre sus ciento treinta compañeros ciclistas, hay uno que ocupaba un lugar muy especial en el corazón de Merckx: Patrick Sercu, su amigo de toda la vida. Crecieron juntos, empezaron como juveniles, debutaron como profesionales el mismo año en el mismo equipo (Solo-Superia) y estrecharon sus lazos en la pista durante numerosos Seis Días. Solo compitieron juntos cuatro temporadas, pero su amistad se fundió y fue perfecta. Uno escalador, el otro velocista, del mismo modesto entorno social, se parecían y defendían los mismos valores: respeto, honestidad y generosidad. «Nos abrimos camino con trabajo duro, con el sudor de nuestra frente. Todo tiene un precio», decía Sercu, bloqueado en la carretera por lo que él llamaba «la frontera de las seis horas sobre el sillín... Más allá de eso era complicado para mí esprintar». De Merckx, al que conocía mejor que nadie, se atrevería a decir: «Es el tipo de hombre que no funciona bien si no está bajo presión». Vistiendo el maillot amarillo y llevando el verde en el Tour de 1974, con los colores de Brooklyn, Sercu fue el responsable de unir a Merckx y De Vlaeminck. Ese año, los periodistas denunciaron un insólito acuerdo entre los equipos Brooklyn y Molteni y los apodaron *los BrookMol*.

Este antiguo campeón olímpico del kilómetro (1964), campeón del mundo de velocidad *amateur* (1963) y profesional (1967 y 1969) corrió en pista hasta los 40 años, patrocinado en sus tres últimos años por la marca de bicicletas Eddy Merckx. Patrick Sercu, nacido en Roeselare, Flandes Occidental, tenía 75 años cuando falleció en abril de 2019.

¿CUÁNTOS VATIOS MUEVES?

«Las nuevas bicicletas son tan rápidas que un corredor pegado a la rueda del que va delante apenas pedalea. Con esta búsqueda de la aerodinámica excesiva, estamos en la F1»

Jean-Jacques Vandenbroucke, antiguo mecánico de equipo profesional.

El ciclismo es uno de los deportes que más ha evolucionado en términos de tecnología, equipamiento, nutrición y estrategia en los últimos treinta años. Donde los amantes de la modernidad hablan de innovación, mejora y mayor rendimiento, los puristas ven en esta sofisticación una desfiguración de su deporte. Si Anquetil, Van Steenbergen, Bahamontes, Gimondi u Ocaña, estrellas del siglo XX, y tantos otros, se encontraran hoy transportados en el tiempo al Tour de Francia, como en la película *Les Visiteurs*[70], de Jean-Marie Poiré, se preguntarían en qué planeta han aterrizado. Seguro que pensarían, como el Conde de Montmirail (Jean Réno) y Jacquouille la Fripouille, (Christian Clavier) que su mundo ha cambiado mucho.

Por ejemplo, cuando vieran a un nutricionista en un comedor con su balanza de mesa pesando los espaguetis de cada ciclista al gramo. O cuando más adelante se encuentren con un «especialista

[70] *Los visitantes,* film francés del año 1993. N. del T.

en Big Data» atareado ante su ordenador, cruzando los datos de los corredores (vatios, calorías, niveles de azúcar en sangre) gracias a un sensor de potencia instalado en la bicicleta. O incluso escuchando a un profesional preguntar a un compañero: «¿Cuántos vatios mueves durante los últimos quinientos metros?». Un atónito Anquetil pediría entonces la traducción y el científico de datos le respondería, en lenguaje Python, que los vatios son un dato central del esfuerzo y que es necesario recopilarlos, clasificarlos y analizarlos con vistas a crear un ecosistema personalizado, todo con el fin de seguir mejor la evolución del perfil de pedaleo del ciclista mediante diagramas, histogramas, gráficos circulares y algoritmos. Al oír la palabra 'camembert'[71], el cinco veces ganador del Tour daría un respingo y no podría evitar sonreír al recordar su Tour de Francia de 1964.

Día de descanso en Andorra. «Los días de descanso son para descansar, no para correr», proclamaba entonces. Y desafiante, participó en una merendola donde tomó sangría y cordero asado.

Paseando, estos gloriosos crononautas se dirigirían después al aparcamiento del hotel, donde los asistentes técnicos, antes mecánicos, lustran las bicis. Jean-Jacques Vandenbroucke ha hecho carrera en esto. Su sueño de entrar en las filas profesionales solo duró unas semanas. Se convirtió en tutor de los gemelos Jean-Luc y Jean-Paul, de trece años, tras el fallecimiento repentino de su padre en 1971. Años más tarde volvería a la profesión, pero en el lado mecánico, siguiendo los pasos de Jean-Luc, profesional de 1976 a 1988 y acreditado con setenta y tres victorias. Incluso cuando su hijo Frank, el más dotado de la dinastía VDB, ganó una monumental Lieja-Bastoña-Lieja en 1999, antes de perderse y desaparecer en 2009, Jean-Jacques siguió ajustando, afinando, encolando y embelleciendo sus máquinas doscientos días al año.

En su casa de Ploegsteert, una pequeña comuna de la región valona de Picardía, el mayor de los hermanos de la familia VDB

---

[71] En francés «gráfico circular» se dice «camembert», como el famoso queso, de ahí el juego de palabras relacionado con Anquetil. N. del T.

ha guardado sus herramientas sin haber podido desengancharse del todo. Cameron, la hija de Frank, le ha convertido en bisabuelo de un pequeño Jules, nacido de su relación con el velocista belga Tim Merlier, «y, sin implicarme demasiado en la mecánica ni en su entrenamiento, sigo de cerca a Tim. Cuando veo su bicicleta totalmente de carbono, con llantas de cinco a nueve centímetros de altura, ruedas de doce radios para reducir la resistencia al aire, rodamientos cerámicos en el plato, y la comparo con las de los años setenta, con tubos de acero, llantas planas, ruedas de treinta y seis radios, bolas de acero en los rodamientos, el peso es el doble. Seis kilos y medio hoy, doce kilos antes. El carbono se ha convertido en norma. Ahora todo en una bicicleta es aerodinámico: los tubos, el manillar, las manetas de freno, los pedales, la tija del sillín, el desviador electrónico, ya no hay cables visibles. Las nuevas bicicletas son tan rápidas y ligeras que un ciclista pegado a la rueda del que va delante apenas necesita pedalear. Con toda esta búsqueda de la aerodinámica a ultranza, esto ya parece la F1». Otra observación que hace y conviene subrayar es sobre los desarrollos, «si tomamos como punto de partida los primeros años de la década de 2000, hemos pasado de siete a doce piñones atrás. A menudo decimos que Victor Campenaerts, el ganador del Premio de la Combatividad en el Tour de Francia 2023, es un grandioso rodador con un gran motor, porque puede empujar un desarrollo de 60 x 11. O Tiesj Benoot, especialista en escapadas en solitario, que utiliza un desarrollo de 54 x 10. Cada vez son más los que meten tuerca».

En las reuniones familiares, VDB se ríe cuando Tim saca la báscula de mesa a la hora de comer: «Esto ya forma parte de su mundo, al igual que muchas cosas que antes nos prohibían. Estar de pie, subir escaleras y correr eran actividades prohibidas. Por la noche, en el hotel, si el corredor no se tumbaba en su cama le echaban la bronca. Hoy el programa de entrenamiento de Tim incluye media hora de carrera por semana». Lo que más le llama la atención entre los cambios, son, por supuesto, las sesiones de entrenamiento: «En mis tiempos, durante los entrenamientos de pretemporada, rodábamos durante cinco o seis horas por parejas. Hacíamos un colchón de kilómetros. La intensidad venía después, con las primeras carreras. Hoy en día la carrera se hace en los entrenamientos, con intensidades elevadas dictadas por programas informáticos capaces de recrear situaciones de competición. Mucha gente introduce en su ordenador el perfil de una etapa del Tour o de un puerto de montaña. Incluso pueden añadir el viento y las condiciones meteorológicas y subir el Ventoux en su garaje».

Esta optimización del rendimiento es de gran alcance. El ciclista de hoy corre poco y entrena mucho, a menudo en altitud. Los destinos de moda son: el volcán Teide en Canarias (3700 metros sobre el nivel del mar), Sierra Nevada, en la provincia de Granada (3400 metros) y Livigno, en Lombardía (1800 metros). El objetivo, por supuesto, es aumentar el número de glóbulos rojos y pedalear durante más tiempo sin producir ácido láctico, gracias a un hematocrito más elevado. Pero estas concentraciones, pagadas por los ciclistas, son caras: unos cinco mil euros por tres semanas. Así que un ingenioso inventor ha desarrollado tiendas hipóxicas que provocan una escasez de oxígeno y pueden montarse en casa. Cuando Sep Vanmarcke, de treinta y cinco años, se vio obligado a poner fin a su carrera en 2023 porque el tejido cicatricial descubierto en su músculo cardíaco le ponía en riesgo de sufrir un accidente cardiovascular, el especialista de la París-Roubaix (segundo en 2013, cuarto en 2014, 2016 y 2019) anunció con humor al final de su rueda de prensa: «Ahora lo único que tengo que hacer es desmontar la tienda hipóxica de mi jardín». El fenómeno se ha popularizado tanto que en España, en la Costa Blanca, en la provincia de Alicante, el hotel Syncrosfera, propiedad del excorredor ruso Alexander Kolobnev, medalla de bronce en ruta en los Juegos Olímpicos de Pekín, ofrece desde 2022 concentraciones para equipos en habitaciones hipóxicas. El proceso es muy sofisticado, y el corredor puede elegir durante su estancia respirar el aire de Bogotá (2640 metros sobre el nivel del mar), Ciudad de México (2250 metros) o Quito (2800 metros) como si estuviera allí.

Volvamos un momento a la alimentación, con aquellos que son el enlace entre el nutricionista y el corredor. Antes, repartían bolsas en el avituallamiento y, por la noche, daban masajes. En su nómina, solían describirse como *soigneurs*, pero ahora son «asistentes deportivos». Muchos son como Alain Bizet, que tuvo un breve paso por los profesionales, Fangio (1983) y Coop (1984), y luego colgó el culote de ciclista para ponerse directamente detrás de una camilla de masaje. Debut en 1985 en el gran equipo Renault y, cuarenta años después, sigue en primera línea con el equipo francés de pista en los últimos Juegos Olímpicos de París. Es, como explica, un eslabón importante en la cadena alimentaria: «Antes de la salida de una etapa tenemos que preparar dos bidones personalizados para cada corredor, que contienen entre cuarenta y ochenta gramos de azúcar y sales minerales, según una aplicación digital. En lugar del viejo avituallamiento en bolsa, con una tartaleta de arroz, un bocadillo de pollo, pastel de frutas, plátano, etcétera., ahora existen los *extra-feed-zone*, con bidones que contienen las mismas raciones de hidratos de carbono, proteínas y sales minerales. Se distribuyen cada quince kilómetros. El ciclista recibe información sobre nuestra ubicación en el ciclocomputador fijado al manillar. Esta cita se ha convertido en crucial porque, dadas las altas velocidades medias, y para evitar persecuciones innecesarias, es preferible que el corredor no baje al coche del director de equipo para recoger líquidos. Juntos, todos estos bidones de agua, que solo se utilizan una vez, suman la cifra colosal de dos mil cuatrocientos por equipo en el Tour de Francia. Con veinte equipos al principio del Tour, son cuarenta y ocho mil botellas de agua al final». La otra gran innovación fue la aparición de los geles, los famosos azúcares rápidos. Bizet prosigue: «Cada vez son más los ciclistas que solo llevan monos, sin bolsillos traseros, y se meten los geles debajo del culote. El mono es como una segunda piel, sin arrugas. Todos los equipos están a la caza de ganancias marginales de vatios. Cuando hace mucho calor, es frecuente que les den a los ciclistas bolsitas de hielo para que se las pongan en la nuca y bajen la temperatura corporal uno o dos grados, de nuevo para ganar vatios. Un vatio aquí, un vatio allá... los informáticos han calculado estos beneficios aerodinámicos, nuevos tejidos, aleaciones, etcétera, en un veinte por ciento».

El equipo británico Sky, ahora Ineos (tiene la misma estructura de gestión), fue el pionero de esta revolución tecnológica. Los corredores del multimillonario Sir Jim Ratcliffe fueron los primeros en acudir a las carreras con un autobús-cama en el que cada corredor tiene su propio colchón, almohada y sábanas. También fueron los primeros en disponer de un *food-truck* que haría palidecer a un chef con estrella Michelin. Los primeros en instalar ocho lavadoras personalizadas en el autobús de los corredores, con una camilla de masaje en la parte trasera del autobús, ahorrando así preciosos minutos de descanso que se convierten en horas al final del Tour. Tras la micronutrición durante la etapa, el nutricionista toma el relevo para la cena por la noche. En general, el menú varía entre arroz, pasta, huevos, pescado o carne blanca, fruta y yogur. Muy clásico, pero todo se pesa meticulosamente. Los anglosajones ya no comen carne roja, demasiadas toxinas. Briek Schotte, «el último de los *flandriens*», segundo en el Tour de 1948 (detrás de Bartali), gran cazador de clásicas (el Tour de Flandes 1942 y 1948) habría llorado escandalosamente. En su granja cercana a Kanegem, en Flandes Occidental, su padre solía matar una vaca cuando llegaba la temporada de clásicas de primavera. Así que el joven tomaba el tren la víspera de la París-Roubaix, cargado con su bicicleta y su mochila, en la que su viejo padre había metido un gran filete de vaca. «Toma», le decía al cocinero al llegar al hotel. «Prepáramelo para mañana a las seis de la mañana».

HEREDEROS

Mientras escribía este libro, lancé una encuesta y pedí a un centenar de antiguos y actuales profesionales, corredores aficionados y periodistas de distintos países, que clasificaran a los diez mejores ciclistas de todos los tiempos. El resultado fue edificante. De las noventa y seis respuestas recibidas, Eddy Merckx ocupa el primer puesto noventa y una veces y el número dos cinco veces. Bernard Hinault es el primero tres veces y Fausto Coppi, dos. Es interesante observar que el Tejón fue segundo en cuarenta y seis ocasiones y tercero en cuarenta y siete. *Le Campionissimo* fue segundo cuarenta y cinco veces y tercero cuarenta y nueve. Jacques Anquetil es citado con más frecuencia entre el cuarto y el séptimo puesto. Está por delante de Felice Gimondi, Tadej Pogačar, Miguel Induráin, Louison Bobet, Gino Bartali y Rik Van Looy. A continuación, llegó un pelotón «agrupado», con Chris Froome, Bernard Thévenet, Roger De Vlaeminck, Greg LeMond, Alberto Contador, Sean Kelly, Joop Zoetemelk, Mathieu Van Der Poel, Freddy Maertens, Rik Van Steenbergen, Jan Janssen, Stephen Roche, Luis Ocaña, Johan Museeuw, Lucien Van Impe, Raymond Poulidor, Alfredo Binda, Federico Martín Bahamontes, Tony Rominger, Vincenzo Nibali, Alejandro Valverde, Marco Pantani y Antonin Magne.

¿Qué tipo de legado ha dejado Eddy Merckx, con su palmarés que parece una exageración, una alteración de la historia? ¿Fue una fuente de inspiración para las generaciones que le siguieron? Cinco antiguos campeones (un holandés, un francés, un belga, un italiano y un español), todos ellos ganadores de Monumentos, dan su visión y percepción del «Fenómeno». Pero la actualidad del Tour 2024, que lanzó a Tadej Pogačar bajo las luces de neón tras su victoria, le ha convertido en mucho más que un heredero y, a sus veinticinco años, el esloveno se inscribe como un potencial sucesor del Caníbal. Además de su triple corona en el Tour de Francia (2020, 2021, 2024), tiene un Giro de Italia (2024) y siete Monumentos: Lieja-Bastoña-Lieja (2021, 2024), Tour de Flandes (2023), Giro de Lombardía (2021, 2022, 2023, 2024). Su temperamento atacante, sus ganas de competir todo lo que pueda, agradan a Merckx, Hinault y Thévenet, los guardianes del Templo. Mientras que los más puritanos rezan para que sus actuaciones, que relegaron al mejor Marco Pantani *sine die* en la cima del Plateau de Beille en los Pirineos (decimoquinta etapa, Tour 2024), no se vean empañadas por irregularidades. Hay raza, autoridad y ambición en Pogačar, valores esenciales para un campeón que ha puesto sus ruedas sobre los pasos de los más grandes de la historia en este deporte.

Igualar o superar las cinco victorias de Merckx en el Tour de Francia es algo al alcance de Pogačar. Ya es menos seguro en el Giro, donde tendrá que sumar cuatro más, improbable en los adoquines de París-Roubaix (0/3) e imposible por Milán-San Remo (0/7). Y luego hasta arriba, ese Himalaya de 525 victorias que ni Pogačar ni nadie alcanzará, porque todo ha cambiado y el ciclismo ha pasado de una media de ciento cincuenta días de carrera por temporada a unos cincuenta.

Adrie van der Poel

Tour de Flandes 1986, Lieja-Bastoña-Lieja 1988.

La primera vez que oí el nombre de Eddy Merckx fue por la radio, debía de tener nueve o diez años. Vivíamos en una granja y la actividad principal era el trabajo. Me gustaba el ciclismo, participé en algunas carreras, pero era verdaderamente nulo. Me adelantaba todo el mundo y la única razón por la que seguía era para divertirme. Crecí y pasé de juveniles a aficionados. Un día, por azares del destino, conocí a Rini Wagtmans, antiguo compañero de Merckx y seleccionador en el equipo de los Países Bajos. Yo seguía sin ganar, pero él me dijo: tienes algo, podrás con las carreras internacionales. Wagtmans me seleccionó para los Campeonatos del Mundo de aficionados de Valkenburg en 1979, donde caí. Seguí compitiendo en los Juegos Olímpicos de Moscú 1980, terminando séptimo y primero de Europa[72], y en 1981 me hice profesional. ¿Y Merckx? Un grande. Un palmarés increíble. Nos llevamos catorce años de diferencia y nunca corrí con él. En 1978, cuando puso fin a su carrera, yo empezaba a asomar un poco la cabeza como *amateur*. Sabía que tenía un palmarés enorme. Tan impresionante que cuando eres joven es casi irreal, no hay ninguna comparación posible.

En 1981, el año de mi primer contrato profesional, ya no estaba allí, pero no le podías echar de menos. Hay Merckx por todas partes, en las clásicas y en las Grandes Vueltas. Yo también había oído hablar de él, porque estaba en el mismo equipo que Joop Zoetemelk, una de las personas que más me aportó como hombre, uno de los más inteligentes sobre una bicicleta, honesto y respetuoso, y eso cuenta en la vida. También comparto su visión de nuestro deporte. En 1986, mi primera victoria de la temporada fue el Tour de Flandes, donde Merckx ganó dos veces, y en 1988, gané la Lieja-Bastoña-Lieja, que Merckx ganó cinco veces, pero nunca pensé que tenía que ganar tres, cuatro o cinco de ellas. Me entrené duro, fui serio y lo esencial era hacer bien lo que tenía que hacer. Solo tuve una oportunidad de vestir el maillot amarillo al principio del Tour de 1984, y no la dejé pasar. Una vez más, me lo tomé como recompensa a mi trabajo. Personalmente, lo único que

---

[72] Se refiere van der Poel a «Europa Occidental», claro. El oro fue para el soviético Sergei Sukhoruchenkov, la plata para el polaco Stanislaw Lang y el bronce para el igualmente soviético Yuri Barinov. A van der Poel lo precedieron, también, un germano oriental (Thomas Barth), otro polaco (Tadeusz Wojtas) y un tercer soviético (Anatoli Yarkin). N. del T.

lamento de aquella época es no haber podido disfrutar con calma de mis victorias. Había que correr todo el tiempo. Yo corría ciento cuarenta días al año, mientras que los ciclistas de hoy en día corren entre cincuenta y setenta días. El deporte ha cambiado, el ciclismo ha cambiado, el mundo ha cambiado y sí, claro que Eddy Merckx era el más fuerte y el mejor, pero, preciso, lo era en su época. La generación de los 70, Merckx, De Vlaeminck, Maertens, etcétera, e incluso la de los 80, Hinault, Kuiper, Thévenet, Kelly, Moser, etcétera, hicieron historia en el ciclismo. Pero los corredores de hoy, Pogačar, Mathieu (*su hijo*), Van Aert, Vingegaard, etcétera, también dejarán una huella de la que se hablará durante mucho tiempo. Me pregunto seriamente si Pogačar, que aún es joven, no lo hará tan bien como Merckx.

Marc Madiot

París-Roubaix 1985 y 1991.

Eddy Merckx es el corredor que más odiaba en el mundo dentro de mi universo de infancia. La primera vez que le vi estaba reconociendo las etapas del Tour de 1970 para RTL. Era un domingo en Renazé, un día de primera comunión, a la salida de la iglesia. Pasó con su maillot de Faemino delante del coche de RTL. La primera vez que lo vi en la vida real. Vi pasar un monstruo sagrado, un dios. Era majestuoso. Después tuve la suerte de volver a verle en critériums, en Bain-de-Bretagne por ejemplo, con Gimondi, elegante, refinado sobre la bicicleta. Merckx era fuerza y potencia. Lo peor para mí fue no haber tenido nunca la oportunidad de ver en acción a Ocaña, mi ídolo. Eran los tiempos en que jugábamos a: yo seré Ocaña, tú serás Merckx. Recortaba tiras de papel, dibujaba los logotipos de los equipos con lápices de colores con arreglo al álbum de Panini y los poníamos sobre nuestros polos con imperdibles. El mío era naranja, como el maillot del Bic. Molteni era un amigo mío, Patrick Gaultier, que llegó a ser alcalde de Renazé. Yvon, mi hermano, era Poulidor.

Mucho, mucho más tarde, se lo conté a Merckx. Debió de ser en una reunión de veteranos, quizá en Régnié-Durette, en el Beaujolais, a altas horas de la noche, y me atreví. Jean-Pierre Danguillaume fue testigo. Me tomé la libertad de decirle: verás, Eddy, eres el tipo al que más he odiado en el mundo. Yo era un gran seguidor de Ocaña. Y añadí: pero ahora que te conozco, te admiro. Cuando le veo hoy, saludo al dios viviente de nuestro deporte. Le tuteo porque me he ganado el derecho a tutearle y porque pertenezco al mismo gremio, pero en el fondo siempre siento esa marca de respeto, un poco como cuando te encuentras con el presidente de la República. Eddy es un buen tipo en todos los sentidos. Un día, cuando estaba a la búsqueda de un socio de ropa ciclista para mi equipo, por pura casualidad le llamé por teléfono. Sin saber nada de mis gestiones, me dijo: Si necesitas un proveedor para equipar a tus ciclistas tengo uno que podría hacer el trabajo. Puedes llamarle de mi parte. Veinte años después sigo con Alé.

Merckx me provocó las emociones más fuertes cuando era niño. La etapa de Menté fue un drama para mí. Durante la etapa de Orcières mi corazón latía como loco. Hasta hace no mucho, solo podía pensar en el sonido de la radio, en la voz de Jean-Paul Brouchon y Fernand Choisel en Europe 1. La radio es mágica, te permite imaginar. Tuve la suerte de hacer un poco con Christian Prudhomme y Jean-René Godart, es el ejercicio más bonito que existe. Eres tú quien pone las imágenes en la cabeza de la gente. Y Orcières 71... todavía tengo las voces en mi cabeza. Lo que Luis hizo aquel día fue el momento más grande de la historia del ciclismo. Nunca será superado. Todo el mundo pensó que el Tour había terminado y al día siguiente Eddy estaba de vuelta en la lucha. Y luego vino el día después del día después. En nuestra casa era tiempo de cosecha y nos tomamos un descanso para el final de etapa. El día de Menté es la desolación, la aniquilación, un drama infantil. Después, tengo que admitirlo, he tenido una suerte increíble en mi vida, la de poder practicar el mismo deporte que los grandes, conocerlos y escuchar sus historias. La primera vez que gané la París-Roubaix, pasé por el pueblo de Hem, no muy lejos de Roubaix, y en ese momento tuve dos pensamientos. Uno fue para mi amigo Alain Bondue, que vive en Hem, y me dije: maldito *Le Grand*, daría lo que fuera por estar en mi pellejo ahora mismo. Y un poco más adelante, cuando estaba seguro de ganar, me dije: tío, estás haciendo lo que hicieron Merckx y De Vlaeminck. Me dio un escalofrío y luego se acabó.

Se puede decir lo que se quiera de la generación de Merckx, pero para mí es la Edad de Oro, el periodo mítico del ciclismo.

Fons de Wolf

Giro de Lombardía 1980, Milán-San Remo 1981.

No hicimos más que cruzarnos sin vernos, Merckx y yo. Él detuvo su carrera en 1978 y yo me hice profesional en 1979. Se lo digo sinceramente, le admiraba, pero no crecí inspirado por su carrera. A los trece años, un niño sueña con ser como un ídolo que gana y pierde. Un niño tiene que alegrarse cuando su rey de corazones gana, pero también tiene que aprender lo que es estar triste cuando pierde. Eso forja el carácter. Mi ídolo era Roger De Vlaeminck. Por su estilo, por sus cualidades de hombre para clásicas. Merckx estaba en su propio mundo, surrealista, inhumano, simplemente un dios. Decidió ganar y ganó en todas partes, el Tour de Francia, el Giro, el maillot arcoíris, los Monumentos. Francamente, ¿quién se atrevería a parecerse a un Dios o a pensar que es un Dios?

Casi hay que ser capaz de tocar los sueños. Los sueños tienen algo de imposible, pero hay que poder creer en ellos. Y me dije a mí mismo que estaba en el camino correcto para convertirme en un buen corredor cuando gané la edición juvenil del Tour de Flandes el año 1974, la París-Roubaix y el campeonato belga *amateur* de 1978. Cuando me hice profesional en 1979 se me auguraba un futuro prometedor tras mis victorias en Lombardía en 1980 y Milán-San Remo en 1981, mi segundo puesto en Lieja-Bastoña-Lieja en 1982, mis dos victorias en Het Volk en 1982 y 1983, y una etapa en el Tour de 1984. Pero nunca, ni siquiera en los grandes momentos para mí, la sombra de Eddy llegó a perturbarme. Ni siquiera pensé en él cuando gané la Milán-San Remo, que conquistó siete veces. Dos Monumentos está bien, te sientes recompensado, te reafirmas, pero yo tenía esa lucidez y conocía mis límites. Las Grandes Vueltas no eran para mí e, incluso con un comienzo prometedor, nunca dudé en correr como gregario cuando tenía que hacerlo, sin dudar. En 1980 me encontré en la *Boule D'Or* junto a Roger De Vlaeminck y trabajé mucho para él. Mi mentalidad debía de gustarle, porque me había prometido devolverme el favor algún día. Cuando llegó el momento y asumió la dirección deportiva del Tonton Tapis lo había olvidado todo, y me aseguró que nunca se había hablado de un contrato entre nosotros. Está el corredor y está el hombre. Para mí, una palabra es una palabra y un señor nunca debe faltar a su palabra. He abierto un largo paréntesis porque Merckx no es así. Nunca me codeé con él en el pelotón, pero tuve el inmenso placer, después de mi carrera, de formar parte de su grupeta y rodar con él y sus compañeros de equipo durante la semana. Nunca había tomado una cerveza así de buena al final de una salida. Incluso un día monté con uno de los culotes de Merckx cuando había olvidado el mío. Así descubrí al más grande corredor de todos los tiempos. En todos los sentidos de la palabra

Soñar con ser Merckx es como soñar con ganar el Euromillones. Quizá algún día Tadej Pogačar, un corredor que me gusta, lo haga tan bien como Merckx en el Tour de Francia, el Giro o Lieja. Tres títulos del Tour de Francia a los veinticinco años es un gran logro. Pero nunca tendrá el récord de Eddy. Nunca habrá un segundo Merckx. Porque, hoy en día, los ciclistas pasan demasiado tiempo entrenando y preparándose. Por otra parte, su seguimiento se ha vuelto muy profesional. Al final de una etapa del Tour, hay ocho *soigneurs*, uno para cada corredor, que les dan inmediatamente una bebida de recuperación personalizada. Si me permito una sola comparación con la generación activa, diría que para hacer un Merckx se necesitarían combinar las cualidades de Pogačar y Van Der Poel. Lo que era único en Merckx, lo que más me llamaba la atención, era su mentalidad. Prefería morir antes que perder. Ese es el terreno donde espero que esté Pogačar.

Gianni Bugno

Milán-San Remo 1990, Tour de Flandes 1994.

Antes de empezar con el ciclismo, yo jugaba al fútbol, también nadaba un poco y a los quince años, como tenía unos amigos que corrían en bici, probé suerte. Primera carrera bajo la lluvia. Me pillaron a un kilómetro de la meta, pero estaba seguro de volver, y no iba a dejarlo hasta 1998, al final de una carrera profesional de catorce años. La primera vez que oí el nombre de Eddy Merckx fue cuando acababa de sacarme la licencia, pero él ya no corría. La gente hablaba de él como si fuera un extraterrestre, más fuerte que Coppi para algunos, no tan bueno para otros. Siempre es así. Hay un gran campeón para cada edad en cada generación. El mío fue Hinault porque era tangible. Lo vi en televisión. Leí sus declaraciones. Hinault ganó su primer Tour de Francia cuando yo empecé a montar en bicicleta. Merckx ya había pasado a la historia. Nunca le vi correr y no se puede tener como ídolo a alguien que solo existe en las historias de los grandes. Yo admiraba a Hinault por su forma de correr, por su franqueza, porque era Hinault, simplemente. Tengo un recuerdo concreto, que puede parecer trivial, pero que me acompañará siempre. Corrí mi primera París-Bruselas en 1986 y sé que fue la última carrera de Hinault. Era la primera vez que le veía en persona y fui a darle la mano. Solo para decirle *complimenti*.

Cuando empezaba hice mucha pista. Gané persecuciones, americanas y eliminaciones. Es una escuela muy buena. Fui campeón de Italia de persecución individual en juveniles y como *amateur*, y puedo decir que cuando me hice profesional, todo lo que había aprendido en pista, colocación y reflejos, me vino muy bien, pero nunca pensé que me enfrentaría al Récord de la Hora. Induráin estaba por encima de mí, y eso me puso las cosas en su sitio. A medida que avanzaba mi carrera, me di cuenta de que lo que Merckx había hecho en el Giro, el Tour, la Milán-San Remo y otros lugares le convertía en un campeón aparte. En comparación, uno puede ganar bellamente un Tour de Flandes, un Giro, una Milán-San Remo, pero se siente muy pequeño, aplastado por su palmarés. Visto así, es el más grande. Merckx es Pelé o Maradona. Ha entrado en la historia del deporte, no solo del ciclismo. En cuanto a su palmarés, es de lejos, y creo que, para siempre, el más grande de todos. Pero no puedo compararlo con Coppi. Porque Coppi es una leyenda, y una leyenda no puede compararse con nadie. En mitología no se compara a un Dios con otro. Son dioses y punto. Estoy de acuerdo con los veteranos cuando dicen que Coppi es la radio, Merckx es la televisión. En la radio escuchas e imaginas. Escuchar una carrera de Coppi por la radio es muy diferente a ver una de Merckx por la RAI. Es inútil intentarlo, nunca podrás desempatar entre los que prefieren a Coppi sobre Merckx o al revés.

Óscar Freire

Milán-San Remo 2004, 2007, 2010.

No recuerdo en qué momento conocí a Merckx. Probablemente después de una carrera que gané en Bélgica, una Flecha Brabanzona quizás. Hubo muchas otras ocasiones. Una Milán-San Remo, una presentación de equipo, una reunión de la UCI con antiguos campeones del mundo. Nos separan treinta y un años. Yo nací en 1976, el año de su última victoria en la Milán-San Remo. Son tres generaciones de diferencia, todo un mundo aparte. Corrí con un Merckx, pero era su hijo.

No sorprenderé a nadie diciendo que ya no es el mismo ciclismo y que mis tres victorias en la Milán-San Remo no tienen nada que ver con sus siete victorias. Para ganar siete veces la Primavera hacen falta cualidades extraordinarias. Y Merckx era extraordinario. Marcaba la diferencia en todo, en llano, en montaña, en las Grandes, en las clásicas e incluso en la pista. No me salen las palabras cuando miro su palmarés. Nadie lo igualará jamás. Pero, en su época, las carreteras y el equipamiento hacían posible este tipo de ciclismo. El logro era más decir «vencí a Merckx» que «gané la carrera».

Los Reyes Magos, nuestro Papá Noel en España, me regalaron mi primera bicicleta en 1985, cuando tenía nueve años. Era granate con tubos de hierro, y mi primer club, ese mismo año, fue el Club Ciclista Galón de Torrelavega, con un maillot de color amarillo. Antes de mí, nadie en mi familia había corrido nunca ni se había interesado por este deporte, y yo ni siquiera había oído hablar de Bernard Hinault, que creo ganó su quinto Tour de Francia en 1985. Así que, como pueden imaginar, Merckx era un desconocido para mí y lo siguió siendo durante mucho tiempo. Mucho más tarde, cuando me convertí en campeón del mundo con el primero de mis tres títulos, en 1999, tampoco se me ocurrió decirme a mí mismo hiciste lo que Merckx. Tampoco con mis tres victorias en la Milán-San Remo. Mi forma de correr era muy diferente a la suya. Mi radio de acción también era bastante limitado: siempre en esprints y en grupos pequeños. Él era excelente en todas partes: montaña, esprints, en solitario. Nunca me atrevería a decir que soy un heredero de Merckx o Hinault.

Estoy en la encrucijada de dos épocas, la de Kelly e Hinault y la de Alaphilippe y Pogačar pero demasiado lejos de la de Merckx. En 1999, el material estaba en plena evolución, pero aún había sitio para sorpresas. En Lisboa, en el Mundial del 2001, a falta de una hora para la salida, ya no soportaba más mis zapatillas, me comprimían los pies, el dolor era insoportable y no tenía un par de repuesto. Así que las corté con un cúter para liberar el dedo gordo. Hoy en día, este tipo de incidente es imposible. Los ciclistas meten los pies en sus escarpines y las bicis son también más ligeras, aerodinámicas y van mucho más rápido. Con los nuevos métodos de entrenamiento y toda la tecnología, los valores se han nivelado. Cada vez es más difícil sorprender a los adversarios y escaparse. Por eso estoy orgulloso de ser el único corredor en los últimos veinte años que ha ganado varias veces la Milán-San Remo. En cambio, en la época de Merckx, las cualidades físicas tenían un impacto directo en el rendimiento. Merckx era un F1, los demás eran F2 o F3.

INACCESIBLE

«¡Que viva mil años!»

Proverbio chino

La inmensa y babilónica lista de logros de Eddy Merckx (525 victorias, Grandes Vueltas, Monumentos, clásicas) había de tener una grieta. Se llama París-Tours. Lo intentó seis veces, pero solo pudo ser sexto. Únicamente Rik Van Looy consiguió el Grand Slam ganando todas las clásicas. Pero eso no impidió que Merckx se convirtiera en una leyenda hace mucho tiempo, incluso estando en activo. Se convirtió en la referencia suprema, una unidad de comparación, un campeón dominante que atravesó generaciones y resistió la revolución que arrasó y puso patas arriba el ciclismo. Tanto es así que, para describir el ciclismo de los años 70, cuando reinaba en todos los terrenos con cualquier tiempo, durante años enteros, se empezó a hablar de *merckxismo*, del mismo modo que otros, en el arte moderno, se refieren al cubismo.

Reuniendo los testimonios que son el hilo conductor de esta investigación, hemos llegado a la conclusión de que el motor profundo del *merckxismo* era su búsqueda incesante de la victoria. Para él, acomodarse era una pérdida de tiempo; partir hacia nuevos horizontes significaba vivir su vida tal y como la había soñado. Merckx nunca supo quedarse quieto. ¿No dio doce veces la vuelta al mundo? ¿Su potencia, su sentido táctico y su inteligencia le convierten en el más grande y el mejor de todos los tiempos? El más grande por su palmarés, a los ojos de todos quienes han intervenido aquí, sin duda. Merckx es al ciclismo lo que Pelé al fútbol, Ayrton Senna a la F1 y Muhammad Ali al boxeo. La pregunta de quién es el mejor también se ha formulado con Pelé, Senna y Ali, y la respuesta es más matizada, generando discusiones apasionadas, porque es muy delicado comparar generaciones.

Hay quien cree que, por ejemplo, sin sus dieciocho meses de movilización durante la Segunda Guerra Mundial, privado de entrenamiento y competición, Fausto Coppi no habría tenido igual. Y hay quien ve a Merckx como un campeón cósmico, un santuario, un mundo en sí mismo. Cada uno piensa tener la verdad. Este debate es estéril, pero tiene un inmenso mérito: permite comer una magdalena que nos devuelve los años de nuestra infancia, de nuestra juventud y del Tour de Francia. Es bien sabido que los recuerdos de la infancia permanecen con nosotros toda la vida.

Eddy Merckx fue la magdalena de decenas de miles de niños que crecieron con sus hazañas, que jugaron a ser Merckx en bici o que un día lucieron un dorsal gracias a él. Aún hoy, Merckx es el campeón de los sueños que resurgen cuando un corredor belga gana una clásica.

También se puede decir que el Tour de Francia fue el elemento fundador de su carrera. Hay que recordar el maremoto que partió de Bruselas y llegó para celebrar su primer maillot amarillo en París, año 1969. Para millones de personas, las imágenes de julio al borde de la carretera, esperando ver pasar el Tour de Francia, son las de la juventud y son eternas. No vamos a iniciar un juicio nostálgico de las metamorfosis que cambiaron la faz del ciclismo. Los jóvenes herederos actuales de Merckx son, desde su más tierna infancia, los de la generación de Nintendo, Playstation o Pokémon. Enseguida se familiarizan con la tecnología digital y, a medida que crecen, con las redes sociales, las técnicas de marketing y los derechos de imagen. Su día a día profesional está hecho de Power Points, de datos, sensores de potencia, hipoxia, vatios, etcétera. El ciclismo del siglo XXI no volverá atrás en el tiempo. Merckx seguiría ocupando un lugar importante en él, pero sería menos visible, porque solo podría correr una media de cincuenta días al año.

Este no es el Merckx que preferimos. El hombre que amamos ha pasado por la vida sobre los grandes escenarios, dejando tras de sí una segunda Vía Láctea. Honrado por el *Libro Guinness de los Récords*, también lo es por *Sports Illustrated*. «Su Majestad *Monsieur* Merckx», titulaba la famosa revista estadounidense, que lo describía como «el incomparable soberano belga de su deporte, que ha hecho célebre el *merckxismo* en todo el mundo». En mayo de 2023, el escritor estadounidense John Underwood escribió otro artículo sobre el tema: «Conozca a un hombre con dos caras: asesino a sangre fría en la carretera, civilizado en la vida privada». Según las encuestas, es considerado en su tierra como el más grande belga de todos los tiempos por detrás solo del Padre Damián, un heroico misionero que dedicó su vida a cuidar leprosos en la isla de Molokai, en Hawái. Me vienen a la mente dos reflexiones que lo dicen todo sobre el campeón y la pasión que inspiró. Jacques Goddet, como director del Tour de Francia, vota por Coppi: «El número uno en los resultados es Eddy Merckx. Pero, para mí, hay alguien por encima de él, Fausto Coppi, porque se manifestó en condiciones que alcanzaban lo divino, lo sobrehumano por su morfología, su naturaleza física». Louis Caput, que fue campeón de Francia de fondo en carretera antes de convertirse en director deportivo de Raymond Poulidor, Joop Zoetemelk y Cyrille Guimard, argumenta a favor de Merckx: «Considero a Rik Van Looy el mejor corredor de clásicas de todos los que he tenido la oportunidad de juzgar. También considero a Fausto Coppi el mejor corredor de pruebas por etapas en ruta. Eddy Merckx es Van Looy más Coppi». Por último, ¿cómo resistirse a evocar las reflexiones que Luis Ocaña dejó para las generaciones futuras? A finales de los años ochenta, en una entrevista concedida a *L'Équipe Magazine*, el efímero maillot amarillo del Tour del 71, que había nacido el mismo año y mes, con apenas una semana de diferencia, que el hombre que lo batió, dijo: «Me gustaría que los jóvenes ciclistas se dieran cuenta de quién era Eddy. Ya no podrían, como veo que hacen hoy, pararse tranquilamente a mear. Yo tenía que hacerlo a menudo en el culote».

Quizá algún día leamos esta inscripción, a modo de homenaje: «Este hombre no era un campeón, era un mundo». El 17 de junio de 2025 Eddy Merckx cumplirá ochenta años.

¡Que viva mil años!

Proverbio chino.

EPÍLOGO

por Bernard Thévenet

Eddy Merckx tomó la salida del Tour de Francia en siete ocasiones. Él ganó cinco, yo las otras dos. Me llevó un tiempo creerme que yo había sido el primero en desbancarle, porque Merckx era y es un fenómeno, un corredor aparte que ganaba cuando decidía hacerlo. Para mí, corredor aficionado en el ACBB, era un marciano, y recuerdo que en nuestra habitación del Bataillon de Joinville, con Bernard Dupuch, Charly Rouxel y Jean-Jacques Sanquer, pusimos su póster de la llegada de los Campeonatos del Mundo en Herleen. Todavía tengo la imagen en la cabeza. En aquel esprint batió a Jan Janssen por apenas unos centímetros... Desprendía una potencia extraordinaria.

Él y yo éramos adversarios, pero no enemigos. Nunca jamás vi un corredor tan hambriento de victoria sin dejar de ser leal. Sin piedad, pero recto, y nuestro duelo por el maillot amarillo no ha cambiado nada. Siempre me llevé bien con el *Padre Eddy*. Ni siquiera era suplente en el equipo Peugeot que iba a hacer el Tour de 1970, el año de mi debut profesional. Las retiradas de última hora de Ferdinand Bracke y Gerben Karstens presentaron a Gaston Plaud, nuestro director deportivo, un hecho consumado. Nunca supe por qué me llamó para ser el décimo de aquella escuadra. Quizá porque no vivía lejos de Limoges, donde empezaba el Tour.

Dos semanas más tarde gané la etapa de La Mongie, un catorce de julio, y recuerdo que al día siguiente, en la prensa, Merckx dijo: «Este chico será bueno. Lo volveremos a ver en unos años». A los veintidós, ese tipo de cumplido de un maillot amarillo te acompaña durante toda tu carrera, e incluso más allá.

Estaba también presente en el Tour un año después, con el famoso duelo Merckx-Ocaña. En la subida a Orcières, Luis iba muy por delante. Merckx y un grupo de perseguidores, entre los que me encontraba, estaban a siete minutos. Podría haberle dado algún relevo, pero no lo hice por miedo a ser expulsado. En un momento dado, estábamos uno al lado del otro y me dijo: «¿Tienes algo para beber?», yo le di mi bidón de agua. Era una forma de disculparme por mi pasividad. Dudo que recuerde ese detalle.

Unos Tours más tarde, en 1975, me hice con el maillot amarillo en Pra-Loup. Durante la noche me levanté para ir al baño. Las persianas de mi habitación están entreabiertas, la luna ilumina el maillot amarillo en el respaldo de una silla, y me pregunto: «¿Por qué Eddy puso su maillot amarillo en mi habitación?». He podido constatar hasta qué punto ganar el Tour de Francia cambia la vida y la perspectiva de las personas. Un critérium posTour, en Château-Chinon, año 1974. Gané aquel año una etapa de París-Niza, y Merckx ganó su quinto Tour. François Mitterrand, que vino a saludarnos, apenas me estrechó la mano. A Merckx, en cambio, no se la soltó. El mismo critérium posTour, en 1975. Mitterrand está de nuevo presente. Esta vez me estrechó la mano durante cinco minutos. ¡La culpa es del maillot amarillo!

Seguimos viéndonos, Eddy y yo, en reuniones de antiguos ciclistas e inauguraciones. Tenemos la misma pasión, y no nos va a abandonar ahora. La pasión siempre va por delante de la lucha. Hablamos de todo, de nada, de los corredores de hoy y de mañana, pero hay un tema que no abordamos nunca: las derrotas. Demasiado dolorosas. Para él, como para mí. Llamamos a eso respeto. Estoy orgulloso de haberle tenido como adversario y aún más orgulloso de haberme ganado su estima.

ANEXOS

TODAS LAS VICTORIAS DE MERCKX
AÑO POR AÑO

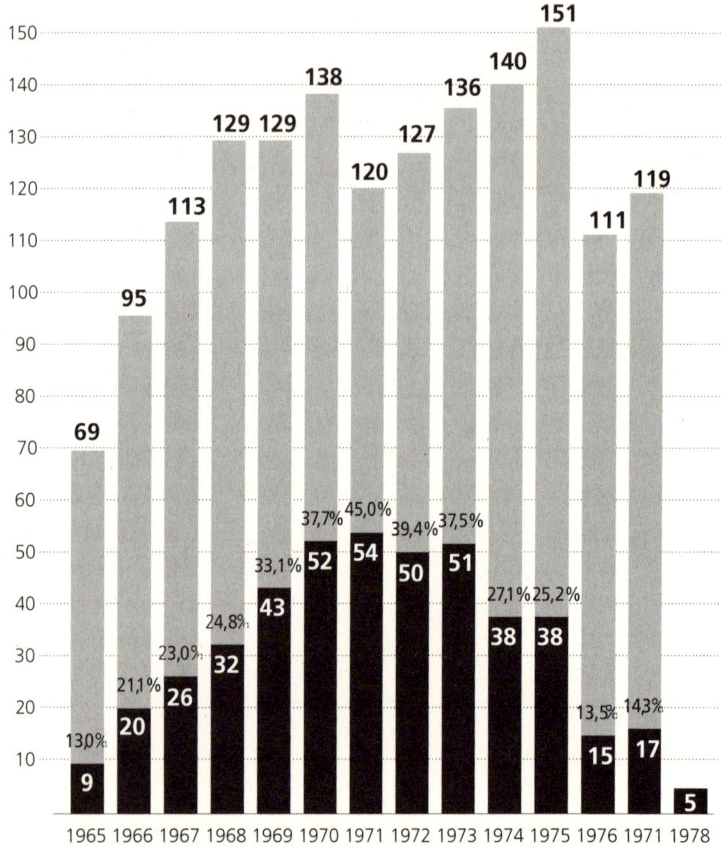

En negro el número de victorias. En gris el número de días de carrera.

El porcentaje indica el tanto por ciento de victorias por día disputado.

1971 es la temporada más exitosa: 54 victorias en 120 días de competición.

Merckx ha calculado que rodaba 35 000 kilómetros por temporada, con excepción de su primera (1965) y última (1978). Si sumamos las otras doce temporadas (de 1966 a 1977) eso representa 420 000 kilómetros.

Con los años de juvenil y de aficionado, franqueamos la muralla de los 500 000 kilómetros. Esto representa doce veces y media la circunferencia terrestre.

LOS MONUMENTOS

Son cinco: Milán-San Remo, Tour de Flandes, París-Roubaix, Lieja-Bastoña-Lieja y Giro de Lombardía. En la jerarquía, solo Eddy Merckx, Roger de Vlaeminck y Rik van Looy han podido coleccionar todos. Merckx es el recordman absoluto con diecinueve victorias. Tadej Pogačar y Mathieu van der Poel están actualmente en activo y entran en esta clasificación, con ocho Monumentos para el neerlandés y nueve para el esloveno a 1 de mayo de 2025.

	Total	Milán-San Remo	Tour de Flandes	París-Roubaix	Lieja-Bastoña-Lieja	Giro de Lombardía
Eddy Merckx (BEL), 1966 a 1977	19	7	2	3	5	2
Roger De Vlaeminck (BEL) 1970 a 1979	11	3	1	4	1	2
Sean Kelly (IRL), 1983 a 1992	9	2	0	2	2	3
Fausto Coppi (ITA), 1946 a 1954	9	3	0	1	0	5
Tadej Pogacar (SLO), desde 2021	9	0	2	0	3	4
Rik Van Looy (BEL), 1958 a 1965	8	1	2	3	1	1
Mathieu vander Poel (NDL), desde 2020	8	2	3	3	0	0
Fabian Cancellara (SUI), 2006 a 2014	7	1	3	3	0	0
Toom Boonen (BEL), 2004 a 2012	7	0	3	4	0	0
Gino Bartali (ITA), 1936 a 1959	7	4	0	0	0	3
Bernard Hinault (FRA), 1977 a 1984	5	0	0	1	2	2
Philippe Gilbert (BEL), 2009 a 2019	5	0	1	1	1	2

En la época de entreguerras Costante Girardengo (Ita), 1918 a 1928 ganó en tierras italianas seis Milán-San Remo y tres Giros de Lombardía.

VENCEDORES DE GRANDES VUELTAS

Hay siete nombres que han ganado el Tour de Francia, el Giro de Italia y la Vuelta a España, las tres Grandes Vueltas del calendario. En orden cronológico son: Jacques Anquetil, Felice Gimondi, Eddy Merckx, Bernard Hinault, Alberto Contador, Vincenzo Nibali y Christopher Froome.

Hay cuatro ciclistas con cinco Tours de Francia: Jacques Anquetil, Eddy Merckx, Bernard Hinault y Miguel Induráin. Y hay tres ciclistas con cinco Giros de Italia: Binda, Coppi y Merckx.

El primer americano en inscribir su nombre en el palmarés del Tour de Francia fue Greg LeMond (1986). El primer sudamericano en imponerse en el Tour de Francia fue el colombiano Egan Bernal (2019). El australiano Cadel Evans fue el primer corredor de Oceanía que ganó el Tour de Francia (2011).

11	**Eddy Merckx** (1968 - 1974)	5	5	1
10	**Bernard Hinault** (1978-1985)	5	3	2
8	**Jacques Anquetil** (1957-1964)	5	2	1
7	**Fausto Coppi** (1940-1953)	2	5	0
	Miguel Indurain (1991-1995)	5	2	0
	Alberto Contador (2007-2015)	2	3	2
	Chris Froome (2011-2018)	4	1	2
5	**Gino Bartali** (1936-1948)	2	3	0
	Felice Gimondi (1965-1976)	1	3	1
4	**Vincenzo Nibali** (2010-2018)	1	2	1
	Tony Rominger (1992-1995)	0	1	3
	Primoz Roglic (Desde 2019)	0	1	4
	Roberto Heras (2000-2005)	0	0	4
	Tadej Pogacar (Desde 2020)	3	1	0
3	**Louison Bobet** (1953-1955)	3	0	0
	Greg LeMond (1986-1990)	3	0	0
	Charly Gaul (1956-1959)	1	2	0
	Laurent Fignon (1983-1989)	2	1	0
	Pedro Delgado (1985-1989)	1	0	2

NÚMERO DE DÍAS CON EL MAILLOT AMARILLO DEL TOUR

(DESDE LA SEGUNDA GUERRA MUNDIAL HASTA EL FINAL DEL TOUR 2024)

1	**Eddy MERCKX** (BEL)	**97**
2	**Bernard HINAULT** (FRA)	**76**
3	**Miguel INDURAIN** (ESP)	**60**
4	**Christopher FROOME** (GBR)	**59**
5	**Jacques ANQUETIL** (FRA)	**51**
6	**Tadej POGACAR** (SLO)	**40**
7	**Louison BOBET** (FRA)	**34**
8	**Fabian CANCELLARA** (SUI)	**29**
9	**Jonas VINGEGAARD** (DAN)	**27**
10	**René VIETTO** (FRA)	**26**
11	**Laurent FIGNON** (FRA)	**22**
–	**Joop ZOETEMELK** (NLD)	**22**
13	**Greg LEMOND** (USA)	**21,5**
14	**Gino BARTALI** (ITA)	**20**
–	**Thomas VOECKLER** (FRA)	**20**
16	**Fausto COPPI** (ITA)	**19**
–	**Vincenzo NIBALI** (ITA)	**19**
18	**Felice GIMONDI** (ITA)	**18**
–	**Jan ULLRICH** (ALL)	**18**
20	**Rudi ALTIG** (ALL)	**17,5**
21	**Luis OCAÑA** (ESP)	**17**
–	**Roger PINGEON** (FRA)	**17**
23	**André DARRIGADE** (FRA)	**16,5**
24	**Bernard THÉVENET** (FRA)	**16**
25	**Dietrich THURAU** (ALL)	**15,5**
26	**Geraint THOMAS** (GBR)	**15**
27	**Julian ALAPHILIPPE** (FRA)	**14**
–	**Pedro DELGADO** (ESP)	**14**
–	**Bradley WIGGINS** (GBR)	**14**
–	**Gastone NENCINI** (ITA)	**14**
–	**Bjarne RIIS** (DAN)	**14**
32	**Andy SCHLECK** (LUX)	**13**

Antes de la Segunda Guerra Mundial: **Antonin MAGNE** (Francia): 38 días **Nicolas FRANTZ** (Luxemburgo): 37 días **André LEDUQ** (Francia): 34,5 días **Ottavio BOTTECCHIA** (Italia): 34 días **Sylvére MAES** (Bélgica): 26 días

VICTORIAS DE ETAPA EN EL TOUR

Mark Cavendish (GBR)	35
Eddy Merckx (BEL)	34
Bernard Hinault (FRA)	28
André Darrigade (FRA)	22
Tadej Pogacar (SLO)	17
Jacques Anquetil (FRA)	16
Freddy Maertens (BEL)	15
Marcel Kittel (ALE)	14
Gino Bartali (ITA), **Mario Cippollini** (ITA), **Miguel Indurain** (ESP), **Robbie McEwen** (AUS), **Peter Sagan** (SLQ), **Erik Zabel** (ALE)	12
Louison Bobet (FRA), **André Greipel** (ALE)	11
Charly Gaul (LUX), **Walter Godefroot** (BEL), **Gerrie Knetemann** (NLD), **Jan Raas** (NLD), **Joop Zoetemelk** (NLD), **Thor Hushovd** (NOR)	10

RÉCORD DE ANTES DE LA SEGUNDA GUERRA MUNDIAL:
André Leducq (FRA), 25 victorias ; **Nicolas Frantz** (LUX), 20 ; **François Faber** (LUX),19 ; **Jean Alavoine** (FRA), 17 ; **René Le Grevès** (FRA), **Charles Pélissier** (FRA),16 ; **Philippe Thys** (BEL),13 ; **Louis Trousselier** (FRA),12 ; **Jean Aerts** (BEL), **Raffael Di Paco** (ITA), 11; **Antonin Magne** (FRA), **Henri Pélissier** (FRA),10.

RÉCORD DE VICTORIAS
EN MONTAÑA

- 14 **Tadej Pogacar**
- 10 Eddy Merckx
- 9 Gino Bartali
- 8 Marco Pantani
- 7 Charly Gaul, Federico Bahamontes, Lucien Van Impe
- 6 Fausto Coppi, Luis Ocaña, Joop Zoetemelk

RÉCORD DE VICTORIAS
EN CONTRARRELOJ

- 20 **Bernard Hinault**
- 16 Eddy Merckx
- 11 Jacques Anquetil

RÉCORD DE VICTORIAS
DE ETAPA DURANTE UN MISMO TOUR

- 8 **Eddy Merckx (1970 y 1974)**
  Freddy Maertens (1976 y 1978)

LAS MAYORES DIFERENCIAS AL FINAL DE UN TOUR DE FRANCIA

Diferencia	Año	1º y 2º
28'17''	1952	1. **Fausto COPPI** (ITA) 2. **Stan OCKERS** (BEL)
26'16''	1948	1. **Gino BARTALI** (ITA) 2. **Briek SCHOTTE** (BEL)
22'00''	1951	1. **Hugo KOBLET** (SUI) 2. **Raphaël GÉMINIANI** (FRA)
17'54''	1969	1. **Eddy MERCKX** (BEL) 2. **Roger PINGEON** (FRA)
15'51''	1973	1. **Luis OCAÑA** (ESP) 2. **Bernard THÉVENET** (FRA)
15'49''	1954	1. **Louison BOBET** (FRA) 2. **Ferdi KÜBLER** (SUI)
14'56''	1957	1. **Jacques ANQUETIL** (FRA) 2. **Marcel JANSSENS** (BEL)
14'34''	1981	1. **Bernard HINAULT** (FRA) 2. **Lucien VAN IMPE** (BEL)
14'18''	1953	1. **Louison BOBET** (FRA) 2. **Jean MALLÉJAC** (FRA)
12'41''	1970	1. **Eddy MERCKX** (BEL) 2. **Joop ZOETEMELK** (NLD)
12'14''	1961	1. **Jacques ANQUETIL** (FRA) 2. **Guido CARLESI** (ITA)
10'55''	1949	1. **Fausto COPPI** (ITA) 2. **Gino BARTALI** (ITA)
10'41''	1972	1. **Eddy MERCKX** (BEL) 2. **Felice GIMONDI** (ITA)
10'32''	1984	1. **Laurent FIGNON** (FRA) 2. **Bernard HINAULT** (FRA)

8 SEC.

LA MÁS PEQUEÑA DIFERENCIA AL FINAL DE UN TOUR ES DE OCHO SEGUNDOS, EN 1989:

1. Greg LEMOND (USA)
2. Laurent FIGNON (FRA)

ESTA IMAGEN TIENE SU HISTORIA

La foto de Eddy Merckx que aparece en la portada fue tomada por el fotógrafo de *L'Équipe* Robert Legros el ocho de junio de 1975, durante la sexta etapa del Critérium du Dauphiné, entre Grenoble y Briançon. El campeón del mundo, de pie sobre sus pedales, subía hacia la cima del Galibier. La víspera había cedido más de diez minutos sobre Bernard Thévenet, a la postre vencedor. Una derrota premonitoria. Sobre un fondo majestuoso de nieve y roca, esta toma revela a un campeón dolorido.

Pero detrás de esta imagen se esconde una historia insólita. Mientras se imprimía la foto, el fotógrafo se dio cuenta de que un espectador que se encontraba junto a la carretera ocultaba parte de la rueda trasera de Merckx. Se tomó la decisión de eliminar al intruso y la imagen retocada se convirtió en un póster. El pintor holandés Paul Meijering llegó a convertirla en un cuadro monumental, expuesto en el Museo Nacional del Ciclismo de Roeselare (Bélgica).

Foto portada: Presse Sports

AGRADECIMIENTOS

Quiero expresar mi gratitud a Robert Janssens, Beppe Conti, Bennie Ceulen y Pascal Sergent. Desde el principio hasta el final de mi viaje de nueve meses, fueron tan generosos como eficientes, y su ayuda fue inestimable. También quiero hacer una mención especial a Jean-Philippe Bouchard, mi editor, que me puso sobre la pista de estos gloriosos ancianos Quiero darle las gracias por ello.